Franz Fuchs, Michael Jahnke, Martin Simon, Mario Wege
(Hg.)

Love Is The Reason

Wie Gott mir, so ich dir...

Mit Beiträgen von
Michael Schröder
Ingo Scharwächter
Dietmar Roller
Detlev Katzwinkel

und Illustrationen von
Dorothée Boehlke

© 2001 Aussaat Verlag
Verlagsgesellschaft des Erziehungvereins mbH Neukirchen-Vluyn
Titelgestaltung: H. Namislow unter Verwendung eines Fotos ©MEV
Gesamtherstellung: Breklumer Druckerei Manfred Siegel KG
ISBN 3-7615-5209-2
Best.-Nr. 155 209
Printed in Germany

Imagine!

Stell dir vor, wie diese Welt wäre, wenn Gottes Reich in seiner ganzen Fülle hier und jetzt Gestalt gewonnen hätte. Stell dir das mal vor! Wenn ich mir das vorstelle, dann denke ich zuerst an Frieden. Keine Verträge oder Abkommen, die bei nächster Gelegenheit gebrochen werden können, sondern ein Friede unter den Menschen, der aus der Liebe füreinander entsteht und dessen Haltbarkeitsdatum für die Ewigkeit ist. Ich stelle mir Beziehungen vor: Partnerschaften, die nicht in Unverständnis und Lieblosigkeit enden, sondern durch Liebe und Achtung füreinander von Bestand sind. Familiäre Beziehungen, die nicht gestört oder unvollständig sind, sondern einen Raum der liebevollen Akzeptanz und Bestätigung öffnen. Ich denke an eine Gesellschaft, in der das Prinzip des Teilens und der Nächstenliebe den Umgang bestimmt und nicht das Prinzip des eigenen Vorteils und des Profits.

Liebe, Liebe, immer wieder Liebe. „Love is the reason" – Liebe ist der Grund und die Motivation zur Veränderung von einem schattigen Hier und Jetzt hin zu den hellen Flecken von Gottes Reich, die wie Sonnenstrahlen die dunklen Stellen durchdringen.

Liebe ist der Grund! Gottes Liebe ist der Grund! Weiß ich das? Verstehe ich das? Gottes Liebe gilt zunächst einmal mir. Gott liebt mich! Und weil das so ist, kann ich mich selber lieben. Und weil ich mich als von Gott geliebter Mensch annehmen kann, kann von dem Übermaß an Gottes Zuwendung zu mir genug weiter fließen zu den Menschen, denen ich Mitmensch bin.

Um diesen Liebesreigen geht es in diesem Buch „Love is the reason". Mit den thematischen Einführungen und den Gestaltungsvorschlägen für die Praxis in Gruppenstunden, Gottesdiensten und Projekten soll die Umsetzung des Themas in der Arbeit mit Teenagern und Jugendlichen möglich gemacht werden. Teenager und Jugendliche und nicht zuletzt die Mitarbeitenden sollen angesteckt werden mit dieser Liebe, die der Grund für Veränderung ist. Stell dir das mal vor!

Das Buch ist begleitend zum Jugendtreffen „Imagine" des Bundes Freier evangelischer Gemeinden in Deutschland entstanden.

Inhaltsverzeichnis

Gott liebt mich
Thematische Einführung 7
Die liebende Hand Gottes 15
Der liebe Gott und ich: Eine Liebesgeschichte? 20
Den liebenden Gott im Alltag entdecken und
erfahren 25
Liebe contra Gesetz: Was Gottes Liebe so radikal
macht 30
Gott, Liebe und Wirklichkeiten 36

Ich liebe Gott
Thematische Einführung 51
Boah ey, voll verknallt ey! 57
Ganz oder gar nicht 62
Tschiackaa – Du schaffst es! 67
Only you 71

Ich liebe mich
Thematische Einführung 77
My life 85
Die Black-Box leeren 90
Zu-mir-komm-Tag 96
Gib Gott die Ehre: Liebe dich! 101

Ich liebe dich
Thematische Einführung 105
Wenn das so einfach wär` 110
Reality heute 113
Äktschen ist angesagt: Wir lieben die Gemeinde ...116
Nächstenliebe on the radio 122

Segment: Gott liebt mich
Thematische Einführung

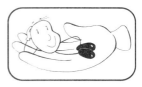

Gott liebt mich!?
Schon mal gehört? Das ist in christlichen Kreisen ein bekannter, manchmal ein allzu bekannter Satz, der hier und da zu einer Floskel geworden ist. Weißt du, was er bedeutet? Was hat dieser Satz mit deinem Leben zu tun? Was heißt das konkret, dass Gott dich liebt? Steht bei dir neben dem Ausrufezeichen (es ist ja ein richtiger Satz) vielleicht auch ein Fragezeichen? Es lohnt sich, dem Begriff und dem Wesen der Liebe Gottes nachzuspüren und aus der Fülle der biblischen Aspekte einige in den Blick zu nehmen.

Der Mensch - das Gegenüber Gottes in der Welt
Auf den ersten Seiten der Bibel wird von der Schöpfung erzählt. Immer wieder heißt es, dass Gott die Welt, die Pflanzen und die Tiere durch sein Wort erschafft. Als der Mensch ins Leben gerufen werden soll, tritt der handelnde Gott bemerkenswert in Erscheinung: „Lasst uns Menschen machen nach unserem Bilde, uns ähnlich!" (1.Mose 1,26). So hat er zuvor noch nicht gesprochen! Die Erschaffung des Menschen ist etwas Besonderes. Der Mensch unterscheidet sich von anderen Geschöpfen vor allem dadurch, dass Gott ihn zu seinem Bild schafft. Er soll das Gegenüber des Schöpfers in der Welt sein. Man hat des öfteren darüber nachgedacht, worin genau denn diese Gottebenbildlichkeit bestehen könnte. So wurden besondere Fähigkeiten und Qualitäten genannt wie z.B. der aufrechte Gang oder auch die Fähigkeit zu denken. Damit ragt der Mensch aus der übrigen Schöpfung hervor. Doch der Zusammenhang der Schöpfungserzählung legt es eher nahe, daran zu denken, dass der Mensch von Gott ansprechbar ist. Er ist zur Gemeinschaft mit Gott geschaffen; das zeichnet ihn aus! Er kann mit ihm reden, er kann mit ihm in

einer engen und besonderen Beziehung leben. Das kann kein anderes Geschöpf.

Das Vorrecht, Ansprechpartner und Gegenüber Gottes zu sein, ist nicht nur besonders ausgesuchten und besonders guten „Vertretern" vorbehalten. Es sind nicht nur einige wenige auserwählt, mit dem Herrn der Welt leben zu sollen. In den ersten Kapiteln der Bibel wird vielmehr deutlich, dass der Mensch grundsätzlich gemeint ist. Es ist die besondere Würde eines jeden Menschen, zur Gemeinschaft mit Gott berufen zu sein. Diese Würde kann keinem Menschen genommen werden.

Denkmal!
Gott hat dich als sein Gegenüber in der Welt geschaffen. Die Initiative ging von ihm aus. Er wollte uns, er wollte dich und mich so haben! So bist du geschaffen.

Der Mensch ist und bleibt frag-würdig
Und dann? Das gute Verhältnis zwischen Gott und Mensch hat aber nicht lange Bestand - auch davon weiß die Bibel zu erzählen. Der Mensch zweifelt Gottes gute Absichten an: Hat er ihnen nicht etwas vorenthalten? „Sollte er gesagt haben?" - so lautet die Frage, die Zweifel an der guten Absicht Gottes sät. Kennst du diesen Zweifel? Warum haben wir uns überhaupt an bestimmte Regeln zu halten? Wird damit nicht der Spielraum für uns Menschen in einer unerträglichen Weise eingeengt? In den ersten Menschen tauchte der Wunsch auf, so zu sein wie Gott. So haben sie sich an seine Stelle gesetzt und haben gegen ihn und sein Wort aufbegehrt. Dieser Vertrauensbruch hat das Verhältnis zwischen Gott und Mensch gründlich gestört. Die unmittelbare Beziehung, das direkte Gespräch war nun so nicht mehr möglich. Mehr noch: Gott hatte ja angekündigt, dass der Vertrauensbruch tödliche Folgen haben würde. So muss der Mensch die unbelastete Gemeinschaft mit Gott verlassen.

Doch es gibt auch andere Konsequenzen. Das Leben der Menschen untereinander verläuft nun nicht mehr paradiesisch. „Die da, die du mir zur Seite gestellt hast, sie ist an allem schuld", so tönt es aus dem Mund des ersten Menschen (1.Mose 3,12). Immer deutlicher zeigt sich, dass die gestörte Beziehung zu Gott ein gestörtes menschliches Miteinander nach sich zieht. Da schreckt Mensch dann auch nicht mehr vor dem Mord an dem eigenen Bruder zurück.

Denkmal
Obwohl Gottes Vertrauen missbraucht wird, hält er den Menschen weiterhin für fragwürdig, d.h. des Fragens für würdig. Die Gottebenbildlichkeit ist gestört, aber sie ist für den Menschen nicht verloren. Das Verhalten bleibt zwar nicht ohne Folgen, aber Gott spricht weiter zu dem Menschen. Der Kontakt reißt nicht ab - weil es der Schöpfer so will. Welchen Grund hat Gott, weiter an seinem Geschöpf fest zu halten?

Der liebende Gott im Alten Testament
Liebe ist der Grund für Gottes Zuwendung zum Menschen! Besonders deutlich wird dies an dem Verhalten Gottes seinem Volk Israel gegenüber. Er hat sich diese Menschen nicht erwählt, weil sie besonders vorteilhaft gewesen wären oder weil sie ein gutes Verhalten an den Tag gelegt hätten. Hier gab es nichts, was besonders anerkennenswert gewesen wäre. Der Grund für das Verhalten Gottes liegt einfach darin, dass er sein Volk liebt (5.Mose 4,37). Er ist den Menschen zugetan, sie liegen ihm am Herzen. Er liebt sie! Nach dem Verständnis des AT ist mit dem Wort „Liebe" nicht in erster Linie ein Gefühl gemeint. Liebe ist vor allem die Beschreibung eines Verhältnisses, das sich durch konkretes Handeln auszeichnet. Wenn Gott sagt, dass er sein Volk liebt, so heißt das auch, dass er sich für die Menschen einsetzt. Er lässt sie in schwierigen Situatio-

nen nicht allein. Das Volk Israel hat diese Liebe Gottes immer wieder an dem Auszug aus Ägypten festgemacht. An dieser konkreten Tat wird seine Zuneigung besonders sichtbar! Er hat sie aus der Sklaverei befreit und in die Freiheit geführt!
Dieses liebende Verhalten Gottes ist um so erstaunlicher, da die Menschen immer wieder die Antwort auf diese Liebe verweigert haben. Die Israeliten haben sich von Gott losgesagt und sind eigenen Vorstellungen und Wünschen gefolgt. Nicht selten haben sie sogar ihren Glauben gleich mit über Bord geworfen und haben sich anderen Göttern verschrieben. Zwar hat Gott dieses Verhalten nicht geduldet und übersehen - er hat durch seine Propheten auch immer wieder das Gericht ankündigen lassen - doch die Strafe ist bei ihm nicht das letzte Wort. Er will die Menschen zurückgewinnen. Besonders der Prophet Hosea lässt erkennen, dass Gott nicht als unbeteiligter Beobachter von außen schaut, was seine Geschöpfe so machen. Er ringt geradezu darum, dass sie zu ihm umkehren. Wie ein Liebhaber lockt er sein Volk in die Wüste, damit die Gemeinschaft wieder hergestellt werden kann (Hosea 2).

Denkmal
Die Liebe Gottes ist grundlos, d.h. es gibt keinen erkennbaren Grund, warum der Herr der Welt weiterhin an seinen Geschöpfen festhält. Sie hat einen langen Atem, sie lässt sich auch durch viele Rückschläge nicht entmutigen. An einer Stelle vergleicht Gott seine Liebe zu seinem Volk mit der Liebe einer Mutter zu ihrem Kind. Es ist kaum vorstellbar, dass sie ihr Kind aufgibt und vergisst. Aber selbst wenn dieser unvorstellbare Fall einmal eintreten sollte, so ist die Liebe Gottes zu den Menschen größer und beständiger (Jesaja 49,15).

Die Liebe Gottes in Jesus Christus
Konnte im AT noch der Eindruck entstehen, dass die Liebe Gottes nur seinem auserwählten Volk gilt (obwohl die Erwählung nicht automatisch die Verwer-

fung aller anderen einschließt), so wird im NT deutlich, dass die Liebe Gottes wirklich allen Menschen gilt. Dieses zeigt sich deutlich im Wesen und Wirken Jesu.

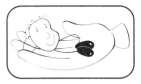

Jesus wendet sich den kranken Menschen zu
Besonders die kranken Menschen suchen die Nähe Jesu. Sie mussten in ihrer Umgebung immer wieder erleben, dass sie wegen ihrer Erkrankung isoliert wurden. Doch Jesus hat sich nicht an die üblichen Konventionen gehalten, er ist nicht auf Abstand gegangen. Ganz im Gegenteil: er hat sich auf das Leid der Menschen eingelassen, auch wenn er sich deswegen von anderen Vorwürfe gefallen lassen musste. Des öfteren lesen wir in den Berichten über Krankenheilungen, wie er sich über die Menschen erbarmte. „Es jammerte ihn", so übersetzt die Lutherbibel ein griechisches Wort und trifft damit genau den Kern. Das Leid der Menschen lässt Jesus nicht unberührt, ihm „dreht sich der Magen um" (so eine andere Übersetzung) und er hilft ihnen. Wenn Jesus sagt, dass die Kranken des Arztes bedürfen und nicht die Gesunden, so wird gerade an solchen Begebenheiten die Liebe Gottes zu den kranken Menschen erkennbar. Jesus geht zu denen, die von anderen zur Seite geschoben wurden. Er erbarmt sich über die, die von anderen nur noch ein mitleidiges Lächeln ernten.

Jesus wendet sich den Ausgestoßenen zu
Ähnliches haben auch die erfahren, die keinen guten Ruf in ihrer Umgebung mehr genossen. Die bei uns heute sprichwörtlichen „Zöllner und Sünder" waren die, die bei Nachbarn und Einwohnern ihrer Dörfer und Städte verspielt hatten. Die Zöllner kooperierten mit den Besatzern im Lande und verdienten nicht schlecht dabei. Zudem haben sie ihre eigenen Landsleute durch überhöhte Zölle gegen sich aufgebracht. Die „Sünder" gaben durch ihren Lebenswandel u.a. als Prostituierte

Anlass zum Protest. Sie wurden verachtet und beiseite geschoben. Zu der gesellschaftlichen Ausgrenzung kam die Überzeugung, dass solche Leute von Gott nichts als eine gerechte Strafe zu erwarten hatten. Jesus durchbricht diese Vorbehalte. Er sucht die Gemeinschaft der Ausgestoßenen und lässt sich mit ihnen ein. Er weist die Ausgegrenzten nicht verächtlich zurück, als sie sich ihm nähern. Dabei hat er nicht einfach ihren Lebensstil übersehen. Im Gegenteil, er hat die Missstände deutlich angesprochen und erwartet, dass Menschen nun auch ihr Leben ganz konkret ändern. Aber er legt den Finger in die Wunde, nachdem er die Menschen in ihrer notvollen Lage angenommen hat, nachdem er die Gemeinschaft zugelassen hat.

Beispiel
Deutlich wird das an der Begebenheit, die sich im Lukasevangelium findet (Lukas 19,1-10). Da zieht Jesus durch eine Stadt und erblickt einen Mann, der von allen anderen gemieden und gehasst wird. Er ist einer der oberen Zolleinnehmer und hat sich auf Kosten anderer bereichert. Ausgerechnet diesen spricht Jesus an und will auch noch in sein Haus kommen - ein Zeichen besonderer Wertschätzung im Orient. Die, die das Geschehen mitbekommen, sind zornig, dass Jesus bei einem solchen Menschen zu Gast sein will. Am Ende der Geschichte wird noch einmal betont, dass diese Haltung Jesu kein Versehen war.

Denkmal
Gott wendet sich denen liebevoll zu, die von anderen abgeschoben wurden. Er zeigt seine Liebe denen, die für sich keine Perspektive mehr sehen.

Die Liebe Gottes sucht den Menschen
Die Liebe Gottes macht sich auf die Suche nach Menschen. Gott wartet nicht darauf, dass sich einige auf den Weg zu ihm machen. Diese Suche nach Menschen hat Jesus in Bilder gefasst. In Lukas 15 finden sich drei

bekannte Gleichnisse: das Gleichnis vom verlorenen Schaf; das Gleichnis vom verlorenen Groschen und das Gleichnis vom verlorenen Sohn. Bei allen drei fällt auf, dass sich jemand auf die Suche  macht und nicht eher ruht, bis der das, was verloren ist, auch wiederfindet. Im Mittelpunkt der Erzählung steht die große Freude darüber, das Verlorene wieder zu finden. In diesen Gleichnissen ist von Gott und seinem Handeln die Rede. Er findet sich nicht damit ab, dass sich die Menschen von ihm abwenden und nichts mehr von ihm wissen wollen. Er macht sich selber auf den Weg und wartet nicht ab.

Denkmal
Wir Menschen sind ihm nicht egal; ich bin ihm nicht egal und du bist ihm nicht egal. Deswegen kommt Gott auf mich und dich zu! Gott freut sich, wenn Menschen sich von ihm finden lassen.

Die Liebe Gottes gilt in Jesus Christus jedem Menschen

Der größte Beweis für Gottes unerschütterliche Liebe zum Menschen ist Jesus Christus selber. Jesus hat einmal zu seinen Jüngern gesagt, dass „niemand größere Liebe hat als der, der sein Leben lässt für seine Freunde" (Johannes 15,13). Dieses Wort hat er auf seine Person und sein Handeln bezogen. Gottes Liebe zum Menschen erschöpft sich nicht darin, dass er sich kranker Menschen vorbehaltlos annimmt oder dass er sich ausgestoßenen Menschen zuwendet. Die Größe der göttlichen Liebe zeigt sich darin, dass Gott sich seine Zuwendung zur Menschheit das Leben seines einzigen Sohnes kosten lässt. Damit steht das Verhältnis zwischen Gott und den Menschen auf einer ganz neuen Basis: Die durch den Sündenfall beeinträchtigte Gemeinschaft von Gott und Mensch erhält ein neues, unerschütterliches Fundament.

Denkmal
"Denn der Menschensohn ist nicht gekommen, dass er sich dienen lasse, sondern dass er diene und sein Leben gebe als Lösegeld für viele." (Markus 10,45)

Es braucht Bilder, um dieses liebende Handeln Gottes zu erfassen: Die Menschen leben wie in einer Sklaverei, keiner kann ihr entrinnen. Da zugleich aber alle Menschen davon betroffen sind, ist von menschlicher Seite keine Hilfe zu erwarten. So muss die Hilfe von außen kommen, ein anderer muss ein Lösegeld bezahlen, um die Versklavten aus ihrer Lage zu befreien. Das Lösegeld ist Jesu eigenes Leben.

Denkmal
Wir reden dann oft von Liebe, wenn wir sehen, dass ein anderer mich gerne hat und nicht seinen eigenen Vorteil sucht. Es ist gut zu wissen, jemand nimmt mich so an, wie ich jetzt bin. Er liebt mich nicht so, wie ich vielleicht einmal sein könnte. Wir wünschen es uns, wenn sich der andere nicht enttäuschen lässt und mich nicht sofort fallen läßt, wenn ich einen Fehler mache. Diese Art von Liebe bringt Gott uns Menschen entgegen. Sie ist im besten Sinne radikal: sie ist vollständig, gründlich und geht bis zum Äußersten. Damit die Gemeinschaft mit ihm wieder möglich wird, hat er alles in Bewegung gesetzt. Doch diese Liebe Gottes will eines nie: sie will nie überrumpeln. Sie will Menschen nicht gegen ihren Willen zwingen. So nimmt sie auch den Menschen ernst, der diese Liebe Gottes zu uns Menschen nicht erkennen und annehmen will. Sie möchte vielmehr gewinnen.

Michael Schröder

Segment: Gott liebt mich
Die liebende Hand Gottes

Biblischer Text: Psalm 139, 1-18,
besonders Psalm 139, 13-16
Thema: Gottes Geschichte mit mir
Art: Gestaltung einer Jugendstunde

Der inhaltlichen Gestaltung dieser Einheit mit dem starken Bezug zum Symbol „Hand" liegt eine Annahme zugrunde: Schöpferisches Handeln ist zugleich auch liebendes / liebevolles Handeln. Die Erfahrung der liebevollen Zuwendung zu dem, was mit der eigenen Hand erschaffen werden kann, ist mit Erlebnissen verbunden, die Jugendlichen allgemein zugeschrieben werden können. Gleichwohl ist ein Verständnis für die mehrdimensionale Bedeutung des Symbols „Hand" zu erwarten. Hände können auch vernichten, schädigen und verletzen und eben nicht nur erschaffen, schützen und wohl tun. Mit der Fokussierung auf die thematische Verknüpfung „schöpferisches Handeln als liebevolles Handeln" soll der Einstieg in den Themenkomplex „Gott liebt mich" ermöglicht werden. Eine Mehrdimensionalität des Symbols „Hand" wird auch im Psalm 139 deutlich. Ist in Vers 5 die schützende und bewahrende Funktion von Gottes Hand angesprochen, so rückt mit dem Vers 10 die allmächtige und allgegenwärtige Bedeutung in den Vordergrund. Mit den Versen 13-16 erschließt sich allerdings die liebevoll schöpferische Handlung Gottes am Menschen, die in der Gestaltung der Einheit prägend sein soll.

Vorbereitung

Es ist eine Vorbereitung in der Gruppenstunde vorher notwendig. Mit Hilfe von Gipsmullbinden werden Abdrücke von Händen gefertigt. Dazu wird die Hand gut mit einer Fettcreme eingerieben und mit eingeweichten Stücken der Gipsbinde umformt. Jeder

Abdruck soll eine andere Aussage abbilden. Ist der Gips trocken, kann der Abdruck aufgeschnitten und abgenommen werden. Die Nahtstelle wird mit Gips wieder verschlossen. Die Abdrücke können angemalt werden.
Alternativ: Der Mitarbeiter fertigt im Vorfeld unterschiedliche Abdrücke. Es ist auch denkbar, ohne die Gipsabdrücke mit den Händen verschiedene Ausdrucksformen nachzustellen.

Begrüßung

Ahnen und bemerken
„Dennoch Gott: Du bist unser Vater! Wir sind der Ton, du bist der Töpfer; wir sind alle von deiner Hand geschaffen." Mit dem Vers aus Jesaja 64, 7 soll die Begrüßung gestaltet werden. Damit an dieser Stelle schon ein schöpferisches Moment ins Spiel kommt und der „Ahnung" Raum gegeben wird, soll dies mit einer überraschenden Aktion geschehen.

Geheimnisvolle Schrift
Verwendung: Einstieg
Material: großes Stück Papier, großer Pinsel, eingefärbtes Wasser, Kerze
Vorbereitung: Mit der Kerze wird auf das Papier der oben erwähnteVers geschrieben. Damit die Schrift später besser lesbar ist, wird großformatig geschrieben und mehrmals nachgefahren.
Ablauf: Nachdem der Einstieg angekündigt ist, wird das eingefärbte Wasser mit dem Pinsel auf das präparierte Blatt gestrichen. Die Wachsschrift weist die Wasserfarbe ab und kann bemerkt werden. Der Vers wird gelesen.

Einstieg

Entdecken und Erkennen
Was Hände bedeuten können

Variante 1:
Gipsmodelle "Hand"
Verwendung: Einstieg
Material: Gipsmodelle der Hände
Ablauf: Die Hände werden zu einer Art
Galerie aufgebaut. Die Jugendlichen betrachten die unterschiedlichen Exponate und benennen den Ausdruck der einzelnen Hände. Gemeinsam wird über die unterschiedliche Symbolkraft der einzelnen Hände gesprochen.

Variante 2:
Collage "Hände"
Verwendung: Einstieg
Material: Plakatkarton, Zeitschriften, Schere, Kleber, Stifte
Ablauf: Die Jugendlichen schneiden aus den Zeitschriften Hände in den verschiedenen Gesten und Bedeutungen aus und kleben diese zu einer Collage auf dem Plakatkarton zusammen. Die mehrdimensionale Bedeutung der "Hand" als Symbol wird im kurzen Gespräch erarbeitet.

Variante 3:
Pantomimische Anspiele "Hände"
Verwendung: Einstieg
Material: einige Paare weiße Handschuhe
Ablauf: Es werden Kleingruppen mit je zwei Teilnehmern gebildet. Sie erhalten die Aufgabe, ein kurzes pantomimisches Anspiel zum Thema "Was ich mit den Händen tun kann" zu erarbeiten. Ggf. können dazu Zettel mit Schlüsselbegriffen wie "Schützen", "Schädigen" etc. verteilt werden. Die Szenen werden vorgespielt und kurz besprochen.

Vertiefung

Erleben und Verstehen
Von Gott geschaffen und geliebt

Variante 1
Arbeiten mit Ton
Verwendung: Vertiefung
Material: Ton, Plastikfolien
Ablauf: Die Jugendlichen erhalten einen Klumpen Ton und sollen damit schöpferisch tätig werden. Außer einem Behältnis mit etwas Wasser und einer Unterlage aus Plastik werden keine zusätzlichen Materialien oder Bearbeitungshilfen angeboten. Es soll um das direkte Erleben, den Ton nur mit der Hand zu bearbeiten, gehen. Im Nachgang der Schaffensphase werden die Schöpfungen vorgestellt.

Variante 2
Die Schöpfer-Phantasie
Verwendung: Vertiefung
Material: Zettel, Stifte, Ausgangstext: Psalm 139, 13-16
Ablauf: Die Jugendlichen sollen sich in die „Rolle" des Schöpfers versetzen und wie in einem Tagebuch die Momente der schöpferischen Tätigkeit (Erschaffung eines Menschen) nachschreiben. Dabei sollen sie sich bemühen, emotionale Momente zu berücksichtigen. In der Konkretion darf dies interpretierenden und spekulativen Charakter haben. Die Texte können vorgetragen werden (evtl. zum Abschluss der Gestaltungseinheit).

Variante 3
Schöpfen nach Musik
Verwendung: Vertiefung
Material: Aquarellpapier, Wasserfarben, Pinsel, Musik (schöpferisch beschwingt)
Ablauf: Die Jugendlichen werden zur Musik malerisch schöpfend tätig. Die Bilder werden ausgestellt.

Je nach Gruppengröße können alle Varianten der Vertiefungsgestaltung gleichzeitig als Wahlmöglichkeiten angeboten werden. Abschließend kann ein kurzes Gespräch zum Thema: „Emotionale Bindung an das Ergebnis meiner Schöpfungsbemühungen" anschließen.

Hören und Verstehen
Lesung Psalm 8 oder Lesung „Die Schöpfer-Phantasie" (s. Variante 2)

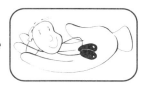

Austauschen und Diskutieren
Gespräch zur Aussage: „Mit Liebe gemacht: Der Mensch!"
Nah an dem Erleben, dass ich eine positive emotionale Bindung zu dem Ergebnis meiner Schöpfungsbemühungen aufbauen kann (Stolz, Liebe), liegt das Erleben, mit dem Ergebnis nicht zufrieden zu sein und sich dessen zu schämen. Anhand der Texte 1.Mose 1, 26-31; Psalm 8 und Psalm 139, 1-18 soll die „emotionale" Beziehung Gottes zu seiner Schöpfung und zu seinem Geschöpf aufgespürt werden. In drei Kleingruppen soll versucht werden, in den Texten Spuren einer emotionalen Beziehung Gottes zur Schöpfung zu finden. Im Gespräch in der großen Runde können diese Spuren zusammengetragen werden.

Abschluss

Bewahren
Zuspruch
Der Text Psalm 139, 13-16 wird noch einmal laut vorgelesen. Denkbar ist auch, den Text aus Jeremia 31, 3 zu verwenden.

Literatur

Peter Biehl, Symbole geben zu lernen: Einführung in die Symboldidaktik anhand der Symbole Hand, Haus und Weg; Neukirchener Verlag 1991

Segment: Gott liebt mich
Der liebe Gott und ich: Eine Liebesgeschichte?

Biblischer Text: 1.Chronik 16, 8-22
Thema: Religiöse Sozialisation: Reise in meine Geschichte mit Gott
Art: Gestaltung einer Jugendstunde

Die eigene Geschichte mit dem lieben Gott kann so eine Sache sein! Glauben zu können, dass ich von Gott geliebt bin, scheitert oft an negativen Erfahrungen, die mir durch Erlebnisse in meiner religiösen Sozialisation zu Blockaden geworden sind. Andererseits kann die eigene Geschichte mit Gott eine echte Liebesgeschichte sein, die mir seit frühester Kindheit liebevolle Gotteserfahrungen beschert hat, und die mein Gottesverständnis heute entscheidend positiv prägen. Mit dieser Einheit soll Raum geschaffen werden, die eigene Geschichte mit dem lieben Gott zu erinnern und zu reflektieren. Dazu sollen die Jugendlichen die Geschichte ihrer Begegnung mit Gott als einen Weg wiedergeben und prägnante Situationen beschreiben. Im seelsorglichen Gespräch kann es möglich werden, negative Erlebnisse und Erfahrungen zu hinterfragen.

Vorbereitung

Siehe einzelne Bausteine der Gestaltung

Begrüßung

Die Tageschronik
Verwendung: Einstieg
Material: kein Material erforderlich
Ablauf: Die Jugendlichen werden begrüßt und dann ermuntert, eine kurze Chronik ihres Tages zu erzählen. Zwei Fragen stehen für die Tageschronik Pate: „Was

habe ich erlebt?" und „Welchen Eindruck nehme ich aus diesem Tag mit?"

Einstieg

Die Verarbeitung und Bewertung einer eigenen Geschichte zieht Zugänge oder auch Blockaden nach sich. Mit dem Text aus 1.Chronik 16, 8-22 kann anhand der Erinnerung des Volkes Israel ein positives Beispiel für die Kraft und Wirkung einer „gelungenen" Geschichte mit Gott aufgezeigt werden. Kritisch sei hier anzumerken, dass die Geschichte Israels im einzelnen durchaus Raum für Zweifel an der „liebevollen Begleitung Gottes" zulassen kann. Für die Gestaltung der vorliegenden Einheit soll auf entsprechende Debatten verzichtet werden.

Die Chronik in der Chronik
Die Geschichte Israels mit dem lieben Gott
Text: 1.Chronik 16, 8-22 (Ergänzung Psalm 105, 1-45)
Verwendung: Einstieg
Material: Tapetenbahn, Stifte
Vorbereitung: Die Tapetenbahn wird an die Wand gepinnt. Auf die Bahn werden die Namen „Abraham", „Isaak", „Jakob" und „Israel" mit etwas Abstand geschrieben.
Ablauf: Der Text aus 1.Chronik 16, 8-22 wird gelesen. Die Jugendlichen sollen zusammentragen, welche Geschichten ihnen zu den einzelnen Namen präsent sind. Diese werden in kurzen Stichworten unter die Namen auf der Tapetenbahn geschrieben. Sind einige Ereignisse zusammengetragen, wird als Hintergrund unter die Namen und Notizen ein Weg gemalt. Gemeinsam wird überlegt, welcher Eindruck bei denen ausgelöst wird, die dieses Lied singen oder die selber diese Erlebnisse gemacht haben.

Jede Liebe hat eine eigene Geschichte. Die Geschichte erzählt zumeist von spontaner Zuneigung, offensichtlicher Abneigung, Missverständnissen, Wagnissen, Übereinstimmungen und Gegensätzen. Um den Jugendlichen die Annäherung an die eigene Geschichte mit Gott zu erleichtern, soll eine menschliche Liebesgeschichte als Parallele angeboten werden.

Video-Interview: Die Chronik unserer Liebe
Verwendung: Einstieg
Material: Videokamera, Recorder, Fernseher
Vorbereitung: Ein älteres Ehepaar (aus der Gemeinde) wird im Vorfeld interviewt. Sie sollen die Geschichte ihrer Liebe in kurzen Zügen erzählen. Wichtige Elemente sind hierbei Aussagen zu den Fragen: „Welches Bild / welche Vorstellung habe ich von meinem Gegenüber gehabt?"; „Woher kam dieses Bild?"; „Wie hat sich dieses Bild verändert / bestätigt?"; „Was habe ich getan, um meine Liebe zu zeigen?"; „Wie hat mir mein Gegenüber seine Liebe bezeugt?"
Ablauf: Das Video-Interview wird vorgeführt. Im Anschluss können die Aussagen zu den oben beschriebenen Schlüsselfragen als Merkmale der Liebesgeschichte erarbeitet werden.

Vertiefung

Der liebe Gott und Ich: Eine Chronik der Liebe?
Verwendung: Vertiefung
Material: Tapetenrolle, Stifte
Ablauf: Jeder Teilnehmer erhält ein gutes Stück Tapetenrolle und einen Stift. Die Arbeitsaufgabe lautet: Nehmt euch Zeit, um die Chronik eurer Geschichte mit Gott zu erzählen. Zeichnet dazu einen Lebensweg oder eine Lebenslinie auf die Tapetenrolle. Schreibt oder zeichnet dazu, wie euch Gott zu welchem Zeitpunkt begegnet ist oder ihr ihm begegnet seid. Dazu gehören Aussagen eurer Eltern in der Kindheit, Erlebnisse im Kindergottesdienst, im Kindergarten, im Religionsunterricht oder Konfirmandenunterricht. Erin-

nert, was ihr dabei empfunden oder gedacht habt. Markiert markante Veränderungen in eurer Geschichte mit Gott. Welchen Eindruck habt ihr, wenn ihr eure Chronik im Rückblick auswertet? Wenn ihr fertig seid, nehmt euch noch einmal Zeit, um zu überlegen, welche Eindrücke so bestehen bleiben können und welche ihr gerne verändern würdet.

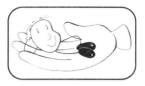

Der Leiter der Jugendgruppe und die Mitarbeiter stehen während der Aktion zum Gespräch bereit.

Gottesbilder gestern und heute
Wer mir Gott war und ist
Verwendung: Vertiefung
Material: kein weiteres Material erforderlich
Ablauf: Die Jugendlichen setzen sich noch einmal mit ihrem Weg mit Gott auseinander. Dies geschieht unter der Fragestellung: „Welche Gottesbilder begleiten aus meinen Erlebnissen und Erfahrungen heraus meinen Weg mit Gott?" Die Bilder sollen in einer Zeit der Stille erinnert werden. Es wird eine zweite Frage angeschlossen: „Wie hat meine Geschichte mit Gott mein heutiges Gottesbild geprägt?"
Es kann versucht werden (abhängig von Gruppengröße und Stimmung in der Gruppe) zu einem Austausch über diese Frage zu kommen.

Abschluss

Neben dem persönlichen Gespräch, das zum Ende der Stunde angeboten werden kann, soll ein Zuspruch die Gestaltung abschließen.

Gottes Chronik mit mir
Text: Jeremia 31, 3b
Wiewohl es kritisch zu bedenken ist, einzelne Verse aus dem Zusammenhang zu reißen und für eine spezielle

Situation zu verwenden, soll dies hier gewagt werden.
Verwendung: Abschluss
Vorbereitung: Der Text wird in persönliche Ansprache umformuliert und auf Karten geschrieben:
„Ich habe dich, ...(Name des Jugendlichen) schon immer geliebt, deshalb bin ich dir stets mit Güte begegnet."
Ablauf: Die Karten werden an die Jugendlichen ausgeteilt.

Segment: Gott liebt mich

Den liebenden Gott im Alltag entdecken und erfahren

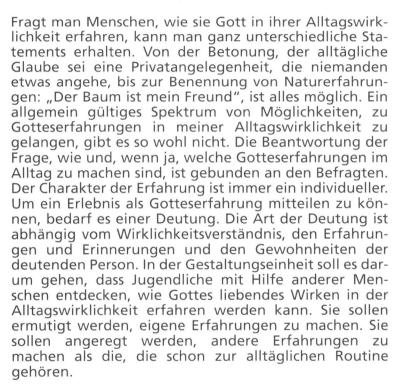

Thema: Wie erfahre ich, dass Gott mich liebt?
Art: Gestaltung einer Jugendstunde

Fragt man Menschen, wie sie Gott in ihrer Alltagswirklichkeit erfahren, kann man ganz unterschiedliche Statements erhalten. Von der Betonung, der alltägliche Glaube sei eine Privatangelegenheit, die niemanden etwas angehe, bis zur Benennung von Naturerfahrungen: „Der Baum ist mein Freund", ist alles möglich. Ein allgemein gültiges Spektrum von Möglichkeiten, zu Gotteserfahrungen in meiner Alltagswirklichkeit zu gelangen, gibt es so wohl nicht. Die Beantwortung der Frage, wie und, wenn ja, welche Gotteserfahrungen im Alltag zu machen sind, ist gebunden an den Befragten. Der Charakter der Erfahrung ist immer ein individueller. Um ein Erlebnis als Gotteserfahrung mitteilen zu können, bedarf es einer Deutung. Die Art der Deutung ist abhängig vom Wirklichkeitsverständnis, den Erfahrungen und Erinnerungen und den Gewohnheiten der deutenden Person. In der Gestaltungseinheit soll es darum gehen, dass Jugendliche mit Hilfe anderer Menschen entdecken, wie Gottes liebendes Wirken in der Alltagswirklichkeit erfahren werden kann. Sie sollen ermutigt werden, eigene Erfahrungen zu machen. Sie sollen angeregt werden, andere Erfahrungen zu machen als die, die schon zur alltäglichen Routine gehören.

Vorbereitung

Um die Menschengalerie in der Phase der Vertiefung aufstellen zu können, muss im Vorfeld Kontakt zu Menschen in der (Kirchen-)Gemeinde geknüpft werden. Ich halte es für wertvoll, wenn ältere und jüngere Menschen innerhalb der (Kirchen-)Gemeinde so voneinander profitieren können. Hier können ältere Gemeindeglieder einen ganz praktischen Beitrag dazu leisten, dass Kirche und Glaube für Jugendliche begreifbar wird.

Begrüßung

In der Gestaltungseinheit soll es darum gehen, den liebenden Gott in der Alltagswirklichkeit zu entdecken und zu erfahren. Mit dem folgenden Spiel soll eine erste übertragbare Sensibilisierung für das je eigene „Sehen lernen" geschaffen werden.

Ich sehe was, was du nicht siehst!
Verwendung: Einstieg
Material: Kein Material erforderlich
Ablauf: Da werden Erinnerungen an die Kindheit wach. Für alle, die das Spiel nicht kennen, hier eine kurze Beschreibung: Der Ansager erblickt heimlich einen konkreten Gegenstand im Raum. Dann sagt er an: Ich sehe was, was du nicht siehst, und das ist gelb (entsprechend der Farbe oder Form des Gegenstandes, den er ins Auge gefasst hat). Die Mitspieler müssen nun erraten, welchen Gegenstand der Ansager ausgesucht hat. Derjenige, der den Gegenstand benennt, ist neuer Ansager und erhält einen Schokokuss.

Einstieg

Ich sehe, was ich suche – ich höre, wonach ich horche!

Sachensucher
Verwendung: Einstieg
Material: Kaufhausprospekte (Zeitungsbeilagen) oder andere Warenkataloge, Stoppuhr
Ablauf: Jeweils ein Jugendlicher erhält einen Katalog

und hat eine Minute Zeit (bei weniger als 15 Seiten nur 30 Sekunden), sich die Seiten anzuschauen. Dann soll er, möglichst genau, wiedergeben, was er wahrgenommen hat. Hier können konkrete Fragen gestellt werden: Wie viele Schuhe / Töpfe / Pullover / etc. hast du gesehen? Nach drei Jugendlichen ändert sich die Arbeitsaufgabe: Die nächsten Jugendlichen sollen sich auf einen mehrfach gezeigten Gegenstand konzentrieren. Die Aufgabe lautet nun: Suche Töpfe / Schuhe / Pullover in dem Katalog. Dann sollen diese Gegenstände beschrieben werden.

Es wird deutlich, dass ich dann, wenn ich mich auf einen Gegenstand konzentriere, natürlich mehr wahrnehme.

Variante: Geräuschehorcher
Mit einer Kassette, auf der unterschiedlichste Geräusche gleichzeitig aufgenommen sind, kann man diesen Einstieg auch gestalten.

Vertiefung

Geheimnis um: Das Sehen und das Deuten
Die Übertragung dieses Experimentes auf Gotteserfahrungen in der Alltagswirklichkeit hat so seine Tücken. Obwohl das „Sehen Lernen", also die Aufmerksamkeit für Gottes Wirken in meinem Alltag, ein wesentliches Moment in der Übertragung darstellt, ist es damit noch nicht getan. Das „Begreifen Können" als eine von Gott geschenkte und durch den Heiligen Geist bewirkte Fähigkeit ist damit nicht begriffen. Ein Erlebnis in der Alltagswirklichkeit als Gottes Handeln begreifen zu können, ist ein Prozess der Deutung, der sich dem Glaubenden durch das Wirken des Heiligen Geistes erschließt. So findet hier beides zusammen: Das Handeln Gottes in der Alltagswirklichkeit sehen lernen und als Handeln Gottes begreifen können.

Andacht
Der Leiter der Jugendstunde berichtet davon, wie es war, als er das Handeln Gottes in der Alltagswirklichkeit sehen gelernt hat und als Handeln Gottes begreifen konnte.

Menschengalerie „Den liebenden Gott entdecken"
Der folgende Gestaltungsvorschlag stellt hohe Anforderung im Bereich Authentizität, Echtheit und Offenheit an die Mitarbeitenden in der Jugendarbeit (und ggf. an Gäste aus der Gemeinde).
Verwendung: Vertiefung
Material: Pappschilder, Sicherheitsnadeln oder Schnur
Ablauf: Ich stelle mir vor, dass die Jugendlichen eine Art lebendige Galerie begehen können. In der Galerie sind „Exponate" ausgestellt, die für eine beschriebene konkrete Art der Gotteserfahrung im Alltag Rede und Antwort in Form eines Erfahrungsberichts stehen können. Aus den folgenden „Erfahrungsbereichen" (andere sind denkbar) wählen sich die Mitarbeitenden (und ggf. andere aus der Gemeinde, die sich als Erfahrungsberichterstatter gewinnen lassen) einen Erfahrungsbereich aus, schreiben diesen auf ein Stück Pappe, hängen sich diese an und begeben sich an einen Ort im Raum / im Gebäude. Dort stehen sie den Jugendlichen mit ihrem Bericht und für Fragen zur Verfügung. Mit der Gestaltungsform kann die Aufgabe verknüpft werden, mindestens zwei Erfahrungsberichte einzuholen und für sich persönlich auszuwerten.
Mögliche Erfahrungsbereiche:
Den liebenden Gott in Jesus Christus entdecken
Den liebenden Gott im Heiligen Geist entdecken
Den liebenden Gott als Vater/Mutter entdecken
Den liebenden Gott in dem Gespräch mit ihm entdecken
Den liebenden Gott in der Bibel entdecken
Den liebenden Gott in anderen Menschen entdecken
Den liebenden Gott in der Natur entdecken

Abschluss

Mein Tag mit Gott – Tagebuch
Verwendung: Abschluss
Material: Kleine Kladden (pro Teilnehmer eine), Stift
Ablauf: Die Jugendlichen werden eingeladen, in der folgenden Woche ein „Mein Tag mit Gott-Tagebuch" zu führen. Im Tagebuch können Erlebnisse aus der Alltagswirklichkeit notiert werden, die den Jugendlichen als Wirken Gottes begreiflich werden. Es kann die Möglichkeit angeboten werden, mit den Jugendlichen in der nächsten Woche ins Gespräch über die Erfahrungen zu kommen.

Segment: Gott liebt mich
Liebe contra Gesetz: Was Gottes Liebe so radikal macht!

Biblischer Text: Johannes 8,1-11
Thema: Gottes Liebe rettet Leben
Art: Gestaltung einer Jugendstunde

Wenn ich die Jugendkultur von heute ernst nehme, dann komme ich an einer grundlegenden Orientierung bei vielen Jugendlichen nicht vorbei: An der Orientierung nach Nutzen und Gewinn. „Was habe ich davon?" und „Was bringt es mir?" sind die wohl am häufigsten gestellten Fragen der Neuzeit, und es wäre unfair, sie den Jugendlichen zuzuschreiben – aber die Orientierung an Nutzen und Gewinn hat als gesellschaftliches Phänomen vor der Lebenswelt der Jugendlichen nicht halt gemacht. Was bringt es mir, von Gott geliebt zu sein? Schnell drängen sich fromme Pauschalantworten als eine Art Fast-Food-Erwiderung auf – denkt man länger darüber nach, muss man der Frage ihre Berechtigung zugestehen. Für Menschen, die Gottes Liebe am eigenen Leib und Leben erfahren haben, ist die Antwort einfach: Gottes Liebe rettet mein Leben und macht mein Leben lebenswert – über den Tod hinaus. Für Menschen, denen diese Erfahrung fehlt, ist die Antwort auf die Frage, was Gottes Liebe bringt, ungleich schwerer. Der Jugendliche erlebt sich selbst nicht unbedingt als sehnsüchtig Sinn suchenden, ungeliebten, unzufriedenen, enttäuschten und schuldigen Menschen, der nur darauf wartet, dass ihm endlich die frohe Botschaft von Gottes lebensrettender Liebe überbracht wird. Das Radikale an Gottes Liebe wird sich dem Jugendlichen da erschließen, wo sie ihm im alltäglichen Lebensvollzug nahe gebracht wird und ihn dann trifft, wenn er Sinn sucht, sich ungeliebt fühlt, unzufrieden und enttäuscht ist und sich seiner Schuld bewußt wird.

Vorbereitung

Die notwendigen Vorbereitungen je nach Gestaltungselement

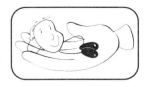

Begrüßung

Blitz
Verwendung: Begrüßung
Material: kein Material erforderlich
Ablauf: Zur Frage: Was ist an Liebe radikal? soll jeder Teilnehmer ein kurzes Statement abgeben. Die Antworten werden sichtbar notiert.

Einstieg

Das Liebesdilemma
Ein Dilemma um Gerechtigkeit und Liebe
Verwendung: Einstieg
Material: Kein Material erforderlich
Ablauf: Den Jugendlichen wird folgende Geschichte erzählt:
Stell dir vor, du (Christoph) bist mit deiner Freundin Marie, ein paar Freunden und Freundinnen in den Skiurlaub gefahren. Ihr seid eine verschworene Gemeinschaft von Boardern und habt euch zusammen eine Skihütte gemietet. Die ersten beiden Tage lang habt ihr echt Spaß. Am dritten Tag gibt es heftig Stunk. Während die anderen fünf in der Skihütte zu Mittag gegessen haben, haben sich zwei aus eurer Gruppe, Jan und Maik, einfach dein Board und das Board eines anderen genommen und haben bei einer wilden Abfahrt eine heftige Macke in dein Board gefahren. Bei einer Stunk-Sitzung am Abend legt ihr fest, dass niemand ein anderes Board als das eigene nehmen kann. Derjenige, der gegen die Regel verstößt, muss den folgenden Tag lang alleine boarden und wird von den anderen ignoriert.

So geschieht es: Jan und Maik müssen am nächsten Tag alleine boarden und werden von den anderen ignoriert. Zwei Tage später gibt es wieder Stunk: Du bist mit einem Freund alleine ins Dorf gegangen, weil du für die Überraschungsparty für Marie, die am nächsten Tag Geburtstag hat, Utensilien und Geschenke einkaufen willst. Als ihr wieder zur Hütte zurück kommt und den anderen hinterher fahren wollt, bemerkst du, dass dein Board weg ist. Du bist stinkesauer und wartest darauf, dass die anderen wieder kommen. Als deine Freundin mit den anderen zur Tür herein kommt, hat sie dein Board unter dem Arm. Es stellt sich heraus, dass sie es genommen hat. Was nun?

Die Jugendlichen sollen in der Diskussion untereinander eine Lösung für dieses Dilemma erarbeiten. Dazu können die Rollen verteilt werden:

Christoph („du"): Einerseits findest du, dass eine Abmachung eine Abmachung ist. Ein Verstoß gegen die Abmachung muss bestraft werden. Wie würdest du vor den anderen dastehen, wenn du hier eine Ausnahme befürworten würdest. Andererseits liebst du deine Freundin. Du kannst es nicht übers Herz bringen, sie am nächsten Tag alleine boarden zu lassen und sie zu ignorieren – zumal sie Geburtstag hat.

Marie (Freundin): Es tut dir leid, das du das Board genommen hast. Du hast nicht daran gedacht, dass ihr die Absprache hattet. Du beteiligst dich aber nicht an der Diskussion, weil du der Auffassung bist, dass die anderen entscheiden sollen. Schließlich hattet ihr die Regel gemeinschaftlich festgelegt.

Jan und Maik (Freunde): Ihr seid der Meinung, dass mit Marie genauso verfahren werden muss wie mit euch. Schließlich seid ihr auch einen Tag lang alleine geblieben. Eine Ausnahme kann es hier nicht geben.

Andere (beliebig): Diskutieren ohne Rollentext mit

Vertiefung

Jesus und die Frau
Ein Dilemma um Gerechtigkeit und Liebe
Verwendung: Vertiefung
Text: Johannes 8,1-11
Material: kein Material erforderlich
Ablauf: Die Geschichte wird vorgelesen. Ich würde vorschlagen, die Geschichte als eine Art „Blind-Szene" zu erzählen:
„Eine Frau wird von Anklägern zu einem Mann geführt. Sie sagen: ... Sie fragen den Mann: `Was sollen wir mit dieser Frau tun?` Der Mann antwortet nicht. Die Ankläger bedrängen den Mann, damit er ihnen eine Antwort gibt. Da schreibt der Mann mit dem Finger in den Staub. Die Ankäger lesen die Schrift und gehen schweigend davon. Schließlich stehen nur noch der Mann und die Frau da. Er sagt: ... Die Frau geht davon."
Es werden folgende Karten verteilt:
Handlung (rot): Anklage, Ohnmacht, Vergebung
Haltung (blau): Gerechtigkeit, Schuld, Liebe
Sätze (gelb):
- „Diese Frau hat sich schuldig gemacht und muss dafür nach dem Gesetz, das uns Mose übermittelt hat, mit dem Tod bestraft werden."
- „Ist keiner mehr da, der dich anklagt? Dann will ich es auch nicht tun! Geh nach Hause, aber mach dich nicht noch einmal schuldig!"
Personen (grün): Jesus, Ehebrecherin, Pharisäer
Die Teilnehmer sollen anhand der Karten die Geschichte vervollständigen und erklären. Wer tut und sagt was? In welcher Haltung geschieht das?

Gott und der Mensch
Ein Dilemma um Gerechtigkeit und Liebe
Die „Blind-Szene" wird in folgender Variation noch einmal gelesen:

„Ein Mensch wird von einem Ankläger zu einem Mann geführt. Er sagt: ... Er fragt den Mann: `Was soll ich tun?` Der Mann antwortet nicht. Der Ankläger bedrängt den Mann, damit er ihm eine Antwort gibt. Da schreibt der Mann mit dem Finger in den Staub. Der Ankläger liest die Schrift und geht schweigend davon. Schließlich stehen nur noch der Mann und der Mensch da. Er sagt: ... Der Mensch geht davon."
Handlung (rot): Anklage, Ohnmacht, Vergebung
Haltung (blau): Gerechtigkeit, Schuld, Liebe
Sätze (gelb):
- „Dieser Mensch hat sich vor Gottes Gesetz schuldig gemacht. Nach Gottes Gesetz muss der Mensch dafür mit dem Tod bestraft werden."
- „So sehr hat Gott die Welt geliebt, dass er mich, seinen einzigen Sohn, zum Tode verurteilt hat, damit die, die an mich glauben, nicht zum Tode verurteilt werden müssen, sondern in Ewigkeit leben dürfen."
Personen (grün): Du und ich, Jesus, Ankläger
Die Geschichte wird anhand der Karten gefüllt.

Aussagen im Raum
Verwendung: Vertiefung
Material: kein Material erforderlich
Ablauf: Die folgenden Aussagen werden in die Stille hinein gesprochen. Nach jeder Aussage wird eine kurze Pause gemacht.
Das Radikale an Gottes Liebe ist die Art und Weise, wie Gott in Jesus Christus sein Dilemma mit dem Menschen auflöst.
Das Radikale an Gottes Liebe ist, dass sie bedingungslos jedem Menschen gilt.
Das Radikale an Gottes Liebe ist, dass sie Leben rettet.
Das Radikale an Gottes Liebe ist, dass sie Menschen verändert.

Ein Gespräch kann sich anschließen.

Abschluss

Die Karte mit dem Satz aus Johannes 3,16 wird noch einmal genommen und vorgelesen.

Segment: Gott liebt mich
Liebe, Gott und Wirklichkeiten

Thema: Was du immer schon über Liebe wissen wolltest und nie zu fragen wagtest
Bibeltext: 1.Johannes 4,7-16
Art: Jugendgottesdienst

Gestaltung des Gottesdienstraumes
- Selbstgemalte Herzen an den Wänden aufhängen
- Auf der Bühne rote Kunstrosenblätter ausstreuen
- Vergrößerte „Liebe ist...."-Cartoons aushängen
- Auf den Plätzen Gummibärchen-Herzen auslegen
Bitte beachten: Es sollte Stil haben und nicht ins Kitschige abgleiten.

Vor Beginn des Gottedienstes

Musik von CD oder Band spielt etwas

Begrüßung

Vorstellung der Moderatoren und Anmoderation
Moderation
M 1: Herzlich willkommen
M 2: Wir freuen uns, dass du da bist. Mancher ist vielleicht hier, weil er interviewt wurde in der Stadt und sehen will, was dahinter steckt. Vielleicht bist du auch von einem Freund eingeladen worden; oder du gehörst zu denen, die hier zu Hause sind und für die der Sonntag-Abendgottesdienst zum festen Wochenprogramm gehört.
M 1: Egal wie – Hauptsache, dass Gott auch dabei ist; und damit rechnen wir.
M 1 u. M 2 stellen sich gegenseitig vor
M 2: Wir zwei stehen jetzt hier vorne, aber ganz verschiedene Leute sind an diesem Gottesdienst beteiligt. Fast alle sind auch sonst aktiv in der Jugendgruppe und

im Teenstreff: (Hier eure Gruppen vorstellen mit Altersangabe und wann/ wo ihr euch trefft).
M 1: (Einladung zum Jugendcafe hinterher).
Jetzt stimmen wir uns auf das Thema ein durch ein Lied, vorgetragen von XY, begleitet von der Band.

Liedvortrag
z.B. „Arms of love" von Amy Grant

Einstieg

Interviews auf Video
Moderation
Mod 2: Sag mal, Name Mod 1, auf der Einladung steht das Thema „Liebe, Gott und Wirklichkeiten". In der Bravo-Zeitschrift (Mod 2 hat Bravo in der Hand) gab es doch lange Zeit die Rubrik `Liebe, Sex und Zärtlichkeiten´, an diese Verknüpfung würde ich eher denken.
Mod 1: Ja, früher hab ich auch bei dem Thema Liebe sofort an Zärtlichkeiten gedacht; aber Liebe ist mehr; sie ist nicht nur auf das begrenzt, es geht um die allumfassende Liebe, da gehört Gott auch mit rein.
Mod 2: Ach so, naja ich weiß nicht, ob ich da so alleine dastehe mit meiner Meinung. Jetzt bin ich mal gespannt, was andere zum Thema Liebe zu sagen haben.

Video einspielen
Im Vorfeld des Gottesdienstes wurden die unterschiedlichsten Leute in der Fußgängerzone gefragt, was Liebe für sie bedeutet, was Liebe für sie ist. Am besten mit einer Videokamera filmen und für den Gottesdienst einzelne Passagen raus suchen, die sich gut eignen. Auf jeden Fall sollten aber die unterschiedlichsten Meinungen und Sichten zu Wort kommen.
Das Video so zusammenschneiden, dass ca. 4 min rauskommen.

Gedicht zum Thema Liebe lesen
(einer der Moderatoren schafft kurzen Übergang);
z.B. „Es ist was es ist" von Erich Fried; am besten von drei Personen gelesen:

L1: Es ist Unsinn
L2: sagt die Vernunft
L3: Es ist was es ist
L2: sagt die Liebe

L1: Es ist Unglück
L2: sagt die Berechnung
L1: Es ist nichts als Schmerz
L2: sagt die Angst
L1: Es ist aussichtslos
L2: sagt die Einsicht
L3: Es ist was es ist
L2: sagt die Liebe

L1: Es ist lächerlich
L2: sagt der Stolz
L1: Es ist leichtsinnig
L2: sagt die Vorsicht
L1: Es ist unmöglich
L2: sagt die Erfahrung
L3: Es ist was es ist
L2: sagt die Liebe
Es ist was es ist
(Erich Fried: Verlag Klaus Wagenbach, 1983, NA 1994)

Lieder
(anmoderiert)
Jesus in my house (von Judy Bailey; aus dem Internet von Jesushouse.de)
I could sing of your love forever (Wiedenester Jugendlieder)

Vertiefung

Theaterstück

Szenario: Verkäufer einer Agentur; Verschiedene Kunden (K1: Extravagante Frau; K2: Eine junge Frau; K3: Ein lockerer Typ)
Deko: Schild „Agentur Name", 2 Tische, 3 Stühle; Telefon, Ordner, PC ; Glas, Flasche Sprudel

Szene 1:

K1: (Forsches Auftreten; energische Stimme; gut gekleidet, modisch, mit Hut, Handschuhen und Täschchen mit Schminkutensilien; betritt Agentur, geht zielstrebig auf den Verkäufer zu)
Guten Morgen, junger Mann!

Vk: (Anzug, vertretermäßig, gut gepflegt; steht auf)
Einen wunderschönen guten Tag, was kann ich für Sie tun?

K1: (Entstaubt den Stuhl andeutungsweise mit ihren Handschuhen und setzt sich geziert hin)
Also, ihre Agentur ist mir von Bekannten im Golfclub empfohlen worden...

VK: *Das hören wir gerne! Das spricht für unsere Qualität!*

K1: (Greift den Faden wieder auf)
Das will ich hoffen! (Kunstpause)... *Denn ich suche endlich eine echte Freundin, eine, die mich richtig lieb hat. Die meisten meiner Golfpartnerinnen sind derart eingebildet und oberflächlich; die interessieren sich nur für das Äußere.*

VK: (Unterbricht sie verständnisvoll)
Sie sind da ganz anders; das sehe ich schon, dafür habe ich einen Blick...

K1: (Fühlt sich bestätigt)
Sie sagen es, denn meine Devise lautet: Man sieht nur mit dem Herzen gut, das Wesentliche ist für die Augen unsichtbar.

VK: *Sie haben ja so recht. Ich teile Ihre Vorstellungen und sehe Ihre Freundin schon vor mir.* (Arbeitet dann an seinem PC)

K1: (Lehnt sich entspannt zurück; fängt an, sich zu schminken; Lippen nachziehen etc.)

VK: (Summt zufrieden vor sich hin)
mhm, ja genau, hm, das ist sie... Ordner!! (Greift zum Ordner und holt ein Blatt heraus, hält es der Kundin hin) *Wenn sie mal schauen wollen!?*

K1: (Guckt darauf, holt ihre Designer-Brille heraus, setzt sie auf, schaut erneut hin, schreckt entsetzt zurück und ruft)
Diiiie!? Das kann doch nicht Ihr Ernst sein !? Die sieht ja aus – na, sagen Sie schon – wie – ja – wie ein Landei.

VK: (Guckt sich leicht erschreckt das Blatt noch mal an und erwidert leicht vorwurfsvoll)
Nun ja, Sie sagten doch, Natürlichkeit wäre Ihnen wichtig!

K1: (Leicht verärgert)
Bei aller Natürlichkeit, ist es doch wohl nicht zu viel verlangt, wenn meine zukünftige Freundin auch etwas Niveau, etwas Kultur und etwas Stil hat!

VK: (Druckst etwas verlegen herum)
Ja, ich dachte – äh (fängt sich, und seine Verkäufernatur kommt wieder durch). *Sie haben natürlich Recht – vielleicht – äh könnte ich noch* (fängt an, wieder am PC zu arbeiten)

K1: (Guckt auf die Uhr)
Huch, es ist schon spät geworden; mein Termin beim Frisör (steht auf). *Ach lassen Sie mal, junger Mann. Ich fürchte, Ihre Agentur ist mit meinen Vorstellungen doch leicht überfordert* (geht Richtung Ausgang, dreht sich vorher noch mal kurz um und wedelt mit dem Handschuh). *Guten Tag noch* (wartet keine Erwiderung ab und geht).

Szene 2:

Verkäufer (Sitzt immer noch am PC)

K2: (Junge Frau kommt grußlos und zaghaft rein, schaut sich um und setzt sich auf den Stuhl)

VK: (Schaut zufällig hoch)
Ach, guten Tag, was kann ich für Sie tun?

K2: (Normal, nicht zu energisch, eher unsicher, schüchtern)
Ich brauche einen richtig guten Freund, so 'nen echten!

VK: (locker)
Wer braucht den nicht. Wir brauchen so jemanden doch alle, oder?

K2: *Ja genau; so einen, der mit einem durch dick und dünn geht...... der mit mir alles bequatscht.*

VK: (nickt und grinst)
Aha, also einen zuverlässigen Mann, einfühlsam und mit Herz.

K2: *Ja genau* (überlegt auffällig). *Aber kein Weichei!*

VK: (Schüttelt verständnisvoll den Kopf; erwidert dann energisch)

Wir führen keine Weicheier! Wir führen von Softie bis Macho, aber keine Weicheier. (Arbeitet nun am PC; sagt verständnisvoll) *Sie meinen also einen richtigen Kerl, so einen, mit dem man – wie sagt man – mit dem man Pferde stehlen kann.*

K2: *Ja genau* (stockt, setzt neu an),
Pferde stehlen, ich will aber keinen Vorbestraften.

VK: (etwas irritiert)
Nein, nein, das ist doch nur so eine Redensart – Pferde stehlen....

K2: *Ich brauche einen tollen Kerl, der mich auf Rosen bettet, verstehen Sie!?*

VK: *Ja, sicher.*

K2: *Ja genau* (Pause)..... *und der nicht so abgehoben daherredet.*

VK: (sucht Blatt aus dem Ordner heraus)
Wie wär´s mit diesem hier: Ehrlicher, herzensguter, geselliger Mittdreißiger – Nichtraucher!

K2: *Nichtraucher; auf gar keinen Fall. Das sind die Schlimmsten, die meckern nur rum.*

VK: (holt nächstes Blatt):
Ehrlicher, herzensguter, geselliger Mittdreißiger – leidenschaftlicher Sportler.

K2: *Neeeneeee; Sport ist nichts für mich.*

VK: (beipflichtend) *Ja genau, Sport ist Mord!* (nächstes Blatt). *Aber das ist er!! Da bin ich mir ganz sicher: Bin 32 Jahre, offen und ehrlich, kann gut zuhören* (Kundin nickt), *aber auch feiern und fröhlich sein* (Kundin nickt immer heftiger) *und koche leidenschaftlich gerne italienisch...*

K2: (nickt nicht mehr, stockt, schüttelt den Kopf)
Nur nicht italienisch, ständig dieser Nudelpamps.

VK: *Vielleicht müssen Sie doch an gewissen Stellen Kompromisse eingehen.*

K2: (Wiegt den Kopf hin und her, setzt schließlich neu an) *Nee, lassen Sie mal* (steht auf). *Ich glaub´, ich kauf´ mir besser einen Hund. Der kann auch gut zuhören. Und außerdem: Der Hund ist doch der beste Freund des Menschen; Wie schon Robbie Williams sagte... Der muß es ja wissen, wo´s langgeht.* (Lässt den Verkäufer verdutzt sitzen und geht raus)

Szene 3:

K3: (Ein jugendlicher Typ betritt den Laden)

VK: Womit kann ich dienen, junger Mann?

K3: (Relativ zielsicher legt er los)
Wissen Sie, ich hatte schon eine Menge Kumpels, aber der richtige Freund war noch nicht dabei. Und da hab´ ich gedacht, ich schau´ mal bei Ihnen vorbei.

VK: *Das war eine sehr gute Entscheidung* (fängt an zu tippen am PC). *Was haben Sie denn für Vorstellungen?*

K3: *Wie, Vorstellungen? Ich habe gedacht, Sie helfen mir da weiter. Deswegen bin ich doch hier!*

VK: *Ja,* (räuspert sich erst mal). *Hm, äh... Wir können Ihnen nur jemanden vermitteln, wenn Sie uns sagen, was Sie wollen. Nach dem Motto: „Die Nachfrage bestimmt das Angebot".*

K3: (sehr bestimmt) *Nö!!*

VK: (Leicht ungeduldig) *Also: Sie sagen uns, welche Eigenschaften Ihr Freund haben soll, welche Hobbies, wie er aussehen soll, aber das ist ja bei einem guten Kumpel nicht so wichtig...*

K3: *Einen Freund halt, der mich nimmt, wie ich bin!*

VK: *Damit wären wir noch kein Stück weiter. Diese Rubrik fehlt in meinem Programm; ich kann alles Mögliche in meinen Suchpfad eingeben; Sie müssen konkreter werden.*

K3: (auch schon leicht unruhig) *Ja, suchen Sie mir doch einen raus, Sie haben Erfahrung!*

VK: (Noch ungehaltener) *Ich glaub´s nicht!! Bei Ihren präzisen Angaben könnte man ja gleich auf die Straße gehen und den erstbesten auswählen. Vielleicht überlegen Sie erst mal, was Sie wirklich wollen – und kommen dann wieder.*

K3: *Aber es heißt, Sie wären die beste Agentur in der Stadt..... so kann ich Sie nicht weiter empfehlen.*

VK: (trinkt einen Schluck, atmet hörbar durch, nuschelt) *Na gut* (dann wieder deutlich hörbar). *Dann schauen wir mal* (zappt durch seine Datei). *Der nicht.......der schon gar nicht....hm,hm.... aber der vielleicht, ja, den nehmen wir. Wenn Sie mal schauen möchten* (DINA4-Ordner mit Bild wird gezeigt).

K3: *O.K., wenn Sie es sagen...* (kleine Pause)... *Was ist mit Garantie oder Umtausch?*

VK: (nun wieder ganz vertretermäßig) *Wir sind eine seriöse Agentur. Alles kein Problem. Eine Woche kostenlos zum Anschauen – das ist doch klar. Danach ist der Rücktritt vom Vertrag nur möglich, wenn eine der schriftlich zugesicherten Eigenschaften Ihrer Wahlperson nach-*

weislich zum Zeitpunkt des Vertragsabschlusses nicht vorlag und dies dem Vermittler – in diesem Falle uns - auch bekannt war oder hätte bekannt sein müssen. Klar??

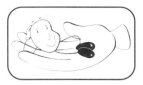

K3: (schaut sehr zufrieden und zustimmend)

VK: *Dann unterschreiben Sie einfach hier. Freundschaftsbeginn ist dann ....(schaut auf den Kalender) ... ja, am kommenden Mittwoch.*

K3: (unterschreibt)

VK: (begleitet K3 zum Ausgang) *Vielen Dank für Ihren Besuch. Beehren Sie uns bald wieder. Auf Wiedersehen!*

Predigt Teil 1
(Ist auszurichten auf das, was die Leute im Video sagen)
„Ich brauche jemanden, der mich richtig lieb hat". Das gilt nicht nur für die Golfspielerin aus dem Theaterstück, sondern trifft auf jeden von uns zu. Pointiert im Theaterstück: Zwei Menschen nach diesem Kriterium zusammenzubringen, da ist selbst eine Partneragentur überfordert. In den Interviews kam immer wieder: Liebe = Treue, Zueinanderhalten, Vertrauen. Aber es wurde auch genannt, dass Liebe Zeit braucht. Daran wird deutlich: Liebe ist immer ein Prozess; da ist was am Wachsen. Aber was ist Liebe eigentlich? Die Frage!!
In den Interviews wurde ein zweites deutlich: Liebe = Gefühle, Romantik, nach dem Motto „wenn zwei Menschen sich wunderbar verstehen und zueinander finden" (Zitat Video). Im Duden wird Liebe u.a. als starkes Gefühl des Hingezogenseins beschrieben. Das Tragische ist nun, dass auf dem Weg zur Treue, zum Füreinanderdasein dieses Hingezogensein der Wackelkandidat ist. Gehen die Gefühle in den Keller, ist die Treue und das Zueinanderhalten in Gefahr. Kommen dann noch

Missverständnisse dazu, ist die Liebe schnell am Ende. Daran scheitern Beziehungen oft. Eigentlich ist uns klar: Die Liebe bräuchte richtigen Einsatz, aber das ist uns oft zu anstrengend. Dann lieber trennen und rein in die nächste Beziehung. Klar, dass eine Trennung auch heilsam sein kann. Aber leider geht´s oft viel zu schnell wieder auseinander.
Spätestens jetzt ist klar: Bei der Liebe muss zum Gefühl auch die Entscheidung für den anderen kommen. Nur so kann Liebe längerfristig wachsen. Letztlich geht es bei allen Beziehungen, nicht nur mit Blick auf ein Ehepaar, um das Zueinanderhalten in guten und in bösen Tagen. Wenn das so einfach wäre! Liebe also nur ein Wunschtraum? Nur für ein paar wenige zu haben?

Schauen wir uns heute eine Passage aus der Bibel an, die uns zu unserem Thema viel zu sagen hat: 1. Johannesbrief 4, 7+8 (Vorlesen). Hier steht die Aufforderung, einander zu lieben; damit sind wir mitten im Thema. Sofort ist auffällig, dass nicht unser Gefühl, sondern unser Wille angesprochen wird. Und ganz deutlich wird, dass Liebe mit Gott zu tun hat. Warum? **Weil Gott die Liebe ist.** Hier haben wir sozusagen eine Definition: Der Gott der Bibel stellt sich als die Liebe in Person vor! Eben keine mathematische Formel oder so! Damit haben wir als erste Orientierung: Er sagt, wo´s langgeht in Sachen Liebe. Wir können nicht selber Definitionen aufstellen und diese dann mit göttlichem Anspruch verkaufen. Im Namen der Liebe wurde schon alles Mögliche legitimiert: Da verlässt ein Mann seine Frau und seine Kinder aus Liebe zu einer anderen. In meinem Bekanntenkreis habe ich erlebt, dass ein Freund dem anderen die Freundin ausgespannt hat mit der Begründung, dass er sie liebe. Genau umgekehrt ist es: Wenn wir Gott anschauen, bekommen wir Einblick, was Liebe ist; weil er die Liebe in Person ist. Darum: Wenn wir mehr über die Liebe wissen wollen, müssen wir ihm auf die Finger schauen – und zwar genau!

In unserem Bibeltext wird es dann auf den Punkt gebracht, wo die Liebe am deutlichsten wird: V. 9+10 (Vorlesen). Jetzt wird es persönlich: Es geht nicht um abgehobene Gedanken über Liebe, sondern um die Liebe, die dich und mich angeht. Gott liebt dich! Jetzt kannst du sagen: „Haha, das kann doch jeder behaupten" oder „Viel zu schön, um wahr zu sein" oder „ Na und?!" Egal wie du denkst, ich gehe noch einen Schritt weiter: Gott ist verrückt aus Liebe zu dir! Ver-rückt heißt ja „neben dem Normalen" oder „ganz anders als gewohnt". Schau hin: Jesus kam nicht als Normalo auf die Welt. Nein, er kam als Sohn Gottes. Es war eine gezielte Aktion Gottes; Mission (im)possible: Gott wird Mensch. Und warum? Damit wir neues Leben haben können; damit wir mit unserer Schuld, unserem Versagen zurechtkommen können; damit wir Gottes Liebe sehen. An Jesus sehen wir, wie verrückt Gottes Liebe zu dir ist. So ganz anders: Er durchbricht unsere Maßstäbe, unsere Kreisläufe. Er ist nicht auf Gegenliebe oder Vorausleistungen angewiesen. Während wir noch Argumente hätten wie: „Ob der mich zurückliebt?" oder „Ich könnte ja verletzt werden", ist Gott so ganz anders. Liebe heißt bei ihm: Er wirft alles in die Waagschale für uns. Jesu Sterben am Kreuz heißt ja: Alles was dich kaputt macht, auch wo du dich selber kaputt machst, da schmeißt sich Jesus dazwischen.

Jesus ist der Dreh- und Angelpunkt der Liebe Gottes. Ihn kennenzulernen, ist darum so wesentlich. Das läuft auf eine Beziehung hinaus. Gott hat seinen Schritt schon getan; seine Liebe steht. Bei uns geht es darum, diese Liebe an uns ran zu lassen. Davon spricht der nächste Abschnitt aus dem Johannesbrief: V. 13-16 (Vorlesen). Gottes Liebe erkennen und ran lassen heißt hier „Jesus als Herrn bekennen". Bekennen hat immer einen Startpunkt. Wenn ich Gottes Liebe entdecke, muss auch ich einmal sagen: „Ich nehme diese Liebe für mich. Du sollst jetzt Mittelpunkt in meinem Leben sein.

Und das sollen andere ruhig mitbekommen". Das heißt nämlich bekennen. Zum einen Jesus sagen, dass er Chef in meinem Leben sein soll; und zum anderen das auch vor anderen deutlich machen. Gottes Liebe ran lassen! Ein Beispiel macht´s deutlich: Gottes Liebe ist da wie Radiowellen. Denk an deinen Lieblingssender. Auch wenn du dein Radio oder deinen Receiver ausgeschaltet hast, sind die Radiowellen da. Um im Bild zu bleiben: Schalte bei Jesus auf Empfang, glaube ihm, vertraue seiner Message. Und du wirst seine Liebe in deinem Leben erleben, so wie du deinen Lieblingssender empfängst, wenn du das Radio anmachst und den Sender einstellst.

Also: Gottes Liebe zu dir ist da – ob du daran glaubst oder nicht! Aber: Gott wünscht sich nichts sehnlicher, als dass du ihn und seine Liebe an dich ran lässt. Er wünscht sich so sehr eine Beziehung zu dir. Und diese Beziehung hat konkrete Folgen: Du kannst wissen und immer mehr erleben, dass jemand da ist, der dich lieb hat. „Ich bin geliebt, super!" Welche Veränderung in unseren Beziehungen würde das nach sich ziehen!?

- Als Geliebter Gottes wird dein Bild von Liebe verändert.
- Gottes Liebe wird dich liebesfähiger machen. Das ist eine große Hilfe, wenn deine Liebesgefühle in den Keller gehen.
- Und wenn ein Freund dir gegenüber versagt hat, dann ist das natürlich nicht toll. Aber für dich bricht dann keine Welt mehr zusammen. Gott steht immer noch zu dir. Wenn du weißt, Gott sagt Ja zu dir, dann nimmt das Druck raus aus deinen Erwartungen an zwischenmenschliche Beziehungen. Gottes Liebe ist für uns da wie ein Liebestank, bei dem man immer auftanken kann.

Interview
Jemanden aus dem Jugend- oder Teenkreis interviewen, wie er Gottes Liebe erlebt hat und wie diese Liebe

bei ihm Fuß faßte. Am besten führt der Prediger das Interview.

Abschluss

Gemeinsames Lied
(im Stehen singen)
„Du sagst ja" (Wiedenester Jugendlieder)

Gebet (vom Prediger)
Danken für Gottes Liebe, dass er Jesus geschickt hat, damit wir neu anfangen können in der Beziehung zu Gott.
Bitten für diejenigen, die Gottes Liebe heute angesteckt hat, dass sie den Mut zum Bekenntnis haben, zu einem deutlichen Zeichen.

Einladung (durch Prediger)
Wer noch Lust hat, kann unser Jugendcafe in den Jugendräumen besuchen.
Allen anderen Tschüss und eine gute Woche.

(Dieser Jugendgottesdienst wurde als Abendgottesdienst in der FeG Bonn am 28. 01. 2001 vom Teenstreff und dem Jugendkreis der FeG Bonn gestaltet)

Segment: Ich liebe Gott
Thematische Einführung

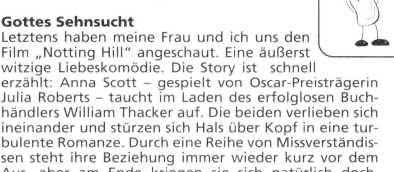

Gottes Sehnsucht
Letztens haben meine Frau und ich uns den Film „Notting Hill" angeschaut. Eine äußerst witzige Liebeskomödie. Die Story ist schnell erzählt: Anna Scott – gespielt von Oscar-Preisträgerin Julia Roberts – taucht im Laden des erfolglosen Buchhändlers William Thacker auf. Die beiden verlieben sich ineinander und stürzen sich Hals über Kopf in eine turbulente Romanze. Durch eine Reihe von Missverständnissen steht ihre Beziehung immer wieder kurz vor dem Aus, aber am Ende kriegen sie sich natürlich doch. Eigentlich eine ganz normale Liebesgeschichte. Nur ist Anna Scott ein weltberühmter Hollywood-Star und William Thacker ein ganz gewöhnlicher Durchschnittsmann.

Ich weiß nicht genau, warum – aber ich liebe solche Geschichten. Und ich scheine auch nicht der einzige zu sein. Es hat einfach etwas Faszinierendes, wenn du dir vorstellst, du würdest von solch einer berühmten Person begehrt; so eine Traumfrau oder so ein Traummann würde gerade dich wollen.

Aber im Grunde bin ich auch so ein William Thacker. Und du bist es auch. Denn der lebendige Gott, der Schöpfer des Universums, er liebt dich! Wir haben uns sehr an dieses Wunder gewöhnt. Das reißt kaum jemanden vom Hocker, wenn er hört: Gott liebt dich. Aber wenn Gott zu dir sagt: Ich liebe dich – dann ist das eigentlich viel verrückter als wenn Julia Roberts oder Hugh Grant oder sonst wer das sagen würde. Gott ist schließlich – Gott! Er müsste uns nicht lieben. Er könnte einfach nur unseren Gehorsam fordern. Oder wir könnten ihm gleichgültig sein. Oder er könnte sich angewidert von uns abwenden - Grund genug dazu hätte er wohl. Er tut es nicht. Er liebt uns. Und er sehnt sich nach unserer Liebe. Er wünscht sich eine liebevolle Beziehung zu uns. Er will nicht ohne uns sein. Er sehnt sich danach, dass wir ihn auch lieben. Ist das nicht verrückt?

Denkmal
Wir wären echte Idioten, wenn uns das kalt ließe. Es gibt nichts, für das es sich mehr zu leben lohnt, als diese liebevolle Beziehung zu Gott zu leben. Es gibt keine größere Erfüllung für uns als die Liebe Gottes zu empfangen und ihm zurück zu geben. Es gibt nichts Wichtigeres für uns zu lernen als eben das: Gott, der uns unendlich liebt, nun auch selbst immer mehr zu lieben.

Liebe zu Gott ist ...
Aber was heißt das eigentlich: Gott lieben? „Liebe" ist ja irgendwie ein Allerweltswort. Wir gebrauchen es in vielen unterschiedlichen Zusammenhängen. Ich z.B. liebe Spinatpizza; ich liebe die Bücher von C.S. Lewis; ich liebe meine Gemeinde; ich liebe meine Frau Tracy; und manchmal liebe ich sogar meine Feinde. Was heißt das: *Gott* lieben? Es gibt viele Facetten dieser Liebe. Manches lässt sich gut vergleichen mit der Liebe zwischen Mann und Frau. Und darum möchte ich das, was ich über die Liebe zu Gott zu sagen habe, mit einer Lovestory von meiner Frau Tracy und mir verknüpfen.

Liebe zu Gott ist...Hingabe
Gott zu lieben bedeutet Hingabe. Es bedeutet zu sagen: „Nichts ist für mich wichtiger als du, nichts ist für mich wichtiger als die Beziehung zu dir."
So etwa zwischen meinem 20. und 25. Lebensjahr war ich überzeugter Single. Mein Traum war es, einmal ein evangelischer Mönch zu werden. Das fand ich sehr faszinierend. Aber auch so gefiel mir mein Leben als Single ziemlich gut. Irgendwann hat es mich dann doch erwischt und ich habe Abschied von meinem Single-Dasein genommen. Ich habe mich verliebt, so richtig dramatisch. Ich habe Tracy kennengelernt, meine Frau. Wir waren uns zwar schon mal über den Weg gelaufen, aber dann im Juni 1996 ergab es sich, dass wir einen

Sonntagnachmittag gemeinsam verbrachten. Und bei mir hat es mächtig eingeschlagen. Ich wußte: Die Frau will ich heiraten. Wenn nötig, hätte ich das auch am nächsten Tag getan. Bei ihr hat es noch ein bisschen gedauert, aber nach ein paar Monaten hatte sie es dann auch eingesehen ...
Als ich mich mit Tracy befreundete, da wusste ich, dass sich einiges in meinem Leben ändern würde. Ich war z.B. ein ziemlich begeisterter Outdoor-Sportler. Meinen Urlaub habe ich immer auf dem Fahrrad oder im Kanu oder auf Wanderschuhen irgendwo in Skandinavien verbracht, und an meinen freien Tagen war ich auch oft draußen unterwegs. Tracy fand das zwar ganz beeindruckend, aber mitmachen!? Nein, das ist nun wirklich nicht ihr Fall. Und ich wusste: Wenn ich Tracy heirate, dann muss ich meine Outdoor-Vorliebe loslassen. Nicht, weil sie das von mir gefordert hätte. Mir war einfach klar: So furchtbar viel freie Zeit habe ich als Pastor sowieso nicht. Und wenn ich diese knapp bemessene Zeit dann auf dem Sattel meines Fahrrades verbringe statt mit meiner Frau, dann haben wir ein echtes Problem.
Im Leben von jedem von uns gibt es Dinge, die unserer Beziehung zu Gott schaden können. Dinge, die unsere Zeit so in Anspruch nehmen, dass für Gott kaum noch etwas übrig bleibt. Oder auch Dinge, die gefühlsmäßig Gott den Rang als Nr. 1 im Leben ablaufen. Dinge, die einen zu großen Raum in unserem Herzen einnehmen. Das kann sehr unterschiedlich sein: Ein Hobby, das mehr und mehr zum Lebensinhalt wird; Freunde, mit denen man es sich nicht verderben möchte; wenn die Gedanken immer mehr um Geld kreisen und alles, was man sich damit kaufen kann.
Gott zu lieben heißt sich zu entscheiden: „Du bist die Nr. 1 in meinem Leben. Und ich bin bereit, alles loszulassen, was der Beziehung zu dir schadet. Nichts und niemand ist mir wichtiger als du."

Denkmal
Bist du bereit, diese Entscheidung für Gott zu treffen? Bist du bereit, wenn nötig, alles loszulassen, was deiner Beziehung zu Gott schadet? - Gott zu lieben, das heißt, sich ihm hinzugeben.

Liebe zu Gott ist...Erkenntnis

Gott zu lieben, das bedeutet auch „Erkenntnis Gottes". „Erkenntnis Gottes", das ist ein etwas merkwürdiger, biblischer Ausdruck. Man könnte vermuten, dass es darum geht, Wissen über Gott zu sammeln. Aber Erkenntnis Gottes meint sehr viel mehr: Es bedeutet, persönlich mit ihm vertraut zu werden. Es bedeutet, ihn immer mehr kennen zu lernen; seine Gedanken, seine Träume, seine Gefühle zu erkennen und mit ihm zusammen zu lachen und zu weinen.

Ich hätte meine Frau ja notfalls schon am Tag nach besagtem Sonntagnachmittag geheiratet, wenn es nötig gewesen wäre. Bis es so weit war, hat es dann doch noch elf Monate gedauert. Das war sicher auch gut so. Denn so wurde aus dem ersten Überschwang eine reifere Gewissheit: Ja, das ist die Frau fürs Leben. Für mich war es sehr wichtig, dass ich wusste: Tracy hat ein ehrliches Interesse an mir. Sie interessiert sich für meine Träume, für meine Gedanken, meine Gefühle, meine Werte, für das, was mir wichtig ist. Die hört mir wirklich zu. Und vor allem war für mich wichtig, dass ich ihr auch von meinen dunklen Seiten erzählen konnte: Von meinen Verletzungen, von meinen Schwächen, von meinen Fehlern. Ich wusste bei Tracy sehr schnell: Ich bin so angenommen wie ich bin. Sie liebt nicht irgend ein Traumbild von mir, sondern mich, wie ich wirklich bin.

Gott sehnt sich auch nach Menschen, die wirklich ihn meinen. Die nicht nur seine Gaben, seine Gebetserhörungen, seinen Segen lieben, sondern ihn selbst. Gott sehnt sich nach Menschen, mit denen er seine Vision, seine Träume teilen kann. Menschen, die wissen, wollen, was ihm auf dem Herzen brennt, was ihn erfreut, was ihn zornig macht, was ihn traurig sein lässt. Menschen, die mit ihm zusammen lachen und weinen. Gott sehnt sich nach Menschen, die ihn „erkennen" wollen, die persönlich mit ihm vertraut werden wollen.

Denkmal
Und wie steht es mit dir? Möchtest du Gott erkennen? Bist du bereit, ihm zuzuhören? Bist du bereit, zu hören, was Gott bewegt, was ihm auf den Nägeln brennt, was ihm wichtig ist? Bist du bereit, dich so weit auf Gott einzulassen, dass du mit ihm lachst und mit ihm weinst? Gott zu lieben, das bedeutet, ihn zu „erkennen".

Liebe zu Gott ist...Treue
Gott zu lieben, das heißt auch, ihm treu zu sein. Es heißt zu ihm zu stehen, auch in schwierigen Situationen.
Als meine Frau und ich im Juli 1997 geheiratet haben, da haben wir natürlich auch ein Trauversprechen abgelegt. Wir haben es sogar selbst formuliert. Und eine der Traufragen lautete ganz klassisch: „Willst du, Ingo, deiner Frau Tracy in guten und in schlechten Tagen treu sein, bis der Tod euch scheidet?" Das ist ein wahrhaft großes Versprechen. Wenn man es ernst nimmt, dann kann das echte Opfer verlangen. Echte Liebe bedeutet, treu zu sein. Das ist bei der Liebe zu Gott nicht anders. Gott sehnt sich nach unserer Liebe, und es tut ihm weh, wenn wir ihm die Treue brechen. Gott zu lieben, das heißt ihm treu zu sein, auch in schlechten Tagen. Und diese Tage wird es geben im Leben als Christ. Jesus hat uns nie versprochen, dass es einfach ist, ihm nachzufolgen. Eher im Gegenteil: Er hat seinen Jüngern Verfolgung und eine Menge Schwierigkeiten vorausgesagt. Damit müssen wir rechnen.

Denkmal
Was wirst du tun, wenn du zum Außenseiter wirst, nur weil du an Jesus glaubst? Was wirst du tun, wenn Gott

etwas von dir zu tun verlangt, was dir wirklich schwer fällt? Was wirst du tun, wenn dein Leben ganz anders verläuft, als du es dir vorgestellt hast? Wenn dir Gesundheit, Geld, Erfolg versagt bleiben? Was wirst du tun, wenn du von anderen Christen schwer enttäuscht wirst? Wirst du Gott auch dann noch lieben? Wirst du auch dann noch sagen: „Ich steh' zu dir"? Gott zu lieben, das bedeutet, ihm treu zu bleiben!

Liebe zu Gott ist...die Antwort auf Gottes Liebe
Nun weiß ich nicht, wie es dir mit dem geht, was du da gerade gelesen hast. Vielleicht bist du ganz begeistert und denkst dir: Ja klar, was könnte es Besseres geben als Gott zu lieben und alles für ihn zu geben. Aber vielleicht bist du auch ganz erschlagen und denkst: Wenn es so anspruchsvoll ist, Gott zu lieben, dann weiß ich gar nicht, ob ich das will. Wir können Gott nur lieben, weil er uns zuerst geliebt hat. Und wir können ihn auch nur so intensiv lieben, wie wir seine Liebe zu uns erkennen. Unsere Liebe zu Gott fängt nicht mit unserer Liebe zu Gott an – sondern mit seiner Liebe zu uns. „Darin besteht die Liebe: nicht, dass wir Gott geliebt haben, sondern dass er uns geliebt hat und seinen Sohn gesandt hat zur Versöhnung für unsere Sünden." (1.Johannes 4,10)

Denkmal
Wenn du merkst, dass du Gott nicht von ganzem Herzen, von ganzer Seele und mit all deiner Kraft liebst, dann versuch nicht, dich dazu zu zwingen. Du brauchst auch nicht zu resignieren, weil du den Eindruck hast, dass du es ja doch nicht schaffst. Setz dich der Liebe Gottes aus! Lass dich von seiner Liebe füllen. Deine Liebe zu Gott beginnt nicht mit deiner Liebe zu Gott. Sie beginnt mit Gottes unfassbarer Liebe zu dir.

Ingo Scharwächter

Segment: Ich liebe Gott
Boah ey, voll verknallt, ey!

Thema: Liebe verändert
Art: Gestaltung einer Jugendstunde

Begrüßung

Video-Clip
Verwendung: Begrüßung
Material: Das Video „Viel Lärm um nichts" (Verfilmung des gleichnamigen Stückes von William Shakespeare mit Kenneth Branagh, Denzel Washington, Emma Thompson, etc.), Videorecorder und Fernseher oder Videobeamer und Leinwand
Zur Story: Benedikt und Beatrice hassen sich. Sie liefern sich unablässig Wortgefechte, in denen sie sich nach allen Regeln der Kunst herunterputzen. Beide sind eingeschworene Singles mit dem festen Vorsatz, niemals eine Ehe einzugehen. Ihre Umgebung kann das Elend nicht länger mit ansehen und beschließt, die beiden zu verkuppeln. Sie streuen das Gerücht, Benedikt sei in Beatrice und Beatrice in Benedikt unsterblich verliebt. Als die beiden Kampfhähne davon Wind bekommen, sind sie plötzlich wie verwandelt. Sie sehen nur noch das Schöne, Lobenswerte. Plötzlich ist Beatrice ein Ausbund an Klugheit und Schönheit und Benedikt der Traumprinz schlechthin.
In dem Film ist das wunderbar dargestellt. Man müsste eine paradigmatische Streitszene herausfischen und zuerst vorspielen, dann kurz den Plan der „Verschwörer" erklären und schließlich die Durchführung und Wandlung der beiden wieder einspielen.
Ablauf: Ausschnitte werden gespielt

Altenativ: Textpassagen aus dem Stück kopieren und an je einen Jungen und an ein Mädchen ausgeben und spielen lassen (nicht nur vorlesen!). Möglicherweise gibt man die Texte eine Woche oder ein paar Tage vorher aus. Die Sprache mag manchem komisch vorkommen und die Jugendlichen sprechen vielleicht auch überzogen! Das ist o.k.! Das Stück ist eine Komödie; es darf gelacht werden!

Einstieg

Fragen zum Film
Verwendung: Einstieg
Material: Zettel und Stifte
Ablauf: Die Teilnehmer bekommen folgende Fragen, die sie für sich im Stillen beantworten sollen:
- Was ist bloß mit Benedikt und Beatrice los? Was passiert hier mit den beiden?
- Was löst die Verwandlung der beiden aus und vor allem: warum?
- Wie wird die Wahrnehmung der beiden verändert?

Die Ergebnisse werden zusammengetragen und diskutiert. Ziel ist dabei, dass die Teilnehmer erkennen, dass es die Liebe ist, die Menschen verändert. Die Liebe bringt uns dazu, Menschen oder Dinge in einem anderen Licht zu sehen.

Vertiefung

Was wäre wenn?
Verwendung: Vertiefung
Material: Zettel, Stifte, Pinnwand, Reißbrettstifte oder Stecknadeln
Oder Overhead, Folien und Stifte
Ablauf: Die Teilnehmer werden mit folgender Frage konfrontiert:
- Was müsste einer tun, damit du deine Meinung über ihn oder sie änderst oder damit du anfangen könntest, ihn oder sie gerne zu haben?

Die Antworten werden laut gegeben und auf einen Zettel geschrieben, der dann an die Pinnwand geheftet

wird (bzw. auf die Folie geschrieben wird).
Mögliche Antworten (als Input):
- Er muss mich erst mal gerne haben.
- Er soll mir etwas schenken.
- Er soll sich um mich kümmern, sich um mich bemühen, mir zeigen, dass ich wichtig für ihn bin.
- Er soll etwas tun, was mir gefällt.
- Er soll mich in Ruhe lassen, aufhören, so bescheuert zu sein, sich einfach irgendwie auflösen, sich ändern.

Input des Leiters
Verwendung: Vertiefung
Material: Zettel, Stifte, Pinnwand, Reißbrettstifte oder Stecknadeln
Oder Overhead, Folien und Stifte
Ablauf: Die Antworten der Teilnehmer werden in Verbindung mit Gottes Liebe zu ihnen gebracht.
Inhaltliche Gestaltung: Die Teilnehmer werden darauf hingewiesen, dass Gott sie liebt und sich um sie kümmert, ihnen etwas schenkt, etc., dass er also das längst getan hat, was man überhaupt nur erwarten kann. Bei manchen Antworten wird es schwierig, sie auf Gott anzuwenden, aber das ist o.k.! Damit kann Gott dann eben nicht dienen (sich auflösen z.B.).
Die Teilnehmer sollen überlegen, welche der genannten Bedingungen Gott erfüllt hat. Die werden auf einen Zettel geschrieben, der dann neben den entsprechenden Zettel an die Pinnwand geheftet wird. Dabei kann man auch negative Äußerungen (sich auflösen) positiv deuten (z.B.: Gott drängt sich nicht auf).
Der Leiter nimmt von der Pinnwand die Zettel der ersten Frage ab, die auf Gott nicht zutreffen (aufhören, so bescheuert zu sein, etc.).

Wie du mir, so ich dir!
Verwendung: Vertiefung
Material: Zettel, Stifte, Pinnwand, Reißbrettstifte oder Stecknadeln

Input: Wenn Gott mich so lieb hat, dann ist es eigentlich nur natürlich, dass ich ihn auch liebe. Nun muss das nicht heißen, dass ich in Gott verknallt bin so wie in meine Freundin oder meinen Freund! Aber was heißt das eigentlich: Gott lieben?
Ablauf: Die Teilnehmer werden aufgefordert zu überlegen, wie sie auf die verschiedenen Liebeswerbungen Gottes antworten könnten. Die Antworten werden aufgeschrieben und an die Pinnwand geheftet.
Dann könnte die Pinnwand in der ersten Spalte etwa so aussehen:

Er soll mir etwas schenken – Gott schenkt sich selbst – Ich schenke Gott meine Zeit

Die nun dreispaltige Pinnwand wird in einem Moment der Stille betrachtet.

Blick in die Bibel
Verwendung: Vertiefung
Material: Bibel oder auf Folie kopierter Text, etwa Johannes 14,15.23 oder das erste Gebot: 2.Mose 20,3.
Ablauf: Der Text wird auf der Basis des bisher Erarbeiteten besprochen.
Leitfragen:
- Wie stellt sich Gott unsere Liebe vor?
- Was erwartet er von uns?

Abschluss

Input
Wenn sich unsere Sicht von Gott verändert, dann kann sich auch unser Leben verändern, wir können uns verändern, weil wir anfangen, Gott zu lieben.
Liebe kann man nicht erzwingen oder machen. Liebe wird immer freiwillig gegeben. Gott erzwingt auch nichts. Liebe braucht Zeit zum Kennenlernen! Sie kann dann entstehen, wenn ich mich auf jemanden einlasse.

Liebe zu Gott zeigt sich in dem, wie ich handle. Sie kann entstehen, wenn ich mit Gott Zeit verbringe, mit ihm rede, ihn an mich heran und in mein Leben lasse. Das geschieht ganz auf freiwilliger Basis! Aber natürlich wünscht sich Gott unsere Gegenliebe. Das tun wir ja auch, wenn wir jemand lieben.

Was heißt das: sich auf Gott einlassen?
- sich ihm hingeben
- ihm treu sein
- keine anderen Götter gelten lassen (Gott soll das Wichtigste sein)
- seine Gebote halten
- mit ihm leben

Segment: Ich liebe Gott
Ganz oder gar nicht

Thema: Liebe setzt Prioritäten
Art: Gestaltung einer Jugendstunde

Begrüßung

Dalli, Dalli!
Verwendung: Begrüßung
Material: kein Material erforderlich
Ablauf: Es werden zwei Mannschaften gebildet. Jede Mannschaft bekommt einen Begriff, zu dem dann andere Begriffe und Wörter assoziiert werden müssen (z.B. „Freizeit": Sport, Ruhe, Kneipe, spielen, Familie, etc.). Die Gruppe, die in einer festgesetzten Zeit (60 Sek.) am meisten Wörter hat, hat gewonnen. Natürlich bekommen die Gruppen unterschiedliche Begriffe (oder die eine Gruppe verlässt den Raum, dann kann man auch dieselben nehmen). Der Leiter muss prüfen, ob alle Assoziationen zulässig sind (zu „Freizeit" würde die Assoziation „Pflasterstein" nicht gut passen, es sei denn, der Teilnehmer kann einen schlüssigen Zusammenhang herstellen). Als Begriffe eignen sich in unserem Fall: Liebe, Freundschaft, Freund, Freundin, Zuneigung, etc.

Einstieg

Wichtigkeitsskala
Verwendung: Einstieg
Material: Tapetenbahnen, dicke bunte Eddings
Ablauf: Die Teilnehmer sollen eine Wichtigkeitsskala aufstellen zu der Frage: Was spielt in deinem Leben die wichtigste, was die unwichtigste Rolle?
Die Tapete wird an eine glatte Wand aufgehängt. Der Leiter schreibt mit Edding eine Skala auf die Tapete, die von „krass / voll wichtig" über „ auch wichtig", „inter-

essant", "egal" "naja" bis zu "dafür geb ich nichts / fürs Klo" führt. Die Teilnehmer ordnen ihre Interessen in die Skala ein, indem sie verschiedene Dinge, Personen, Ereignisse, etc. darin einordnen. Man kann auch jedem Teilnehmer seine eigene Tapete geben.
Die Ergebnisse werden besprochen.

Vertiefung

Liedbesprechung
Verwendung: Vertiefung
Material: Kassettenrecorder oder HiFi-Anlage, Lied von Jan Vering „Rettet dem Dativ" auf Kassette, CD oder LP. Alternativ: auf Folie kopierter Text, Overheadprojektor
Ablauf: Lied von Jan Vering einspielen oder an die Wand projizieren. Die Teilnehmer sollen sich den Text anhören / durchlesen. Dann werden folgende Fragen in der Gruppe besprochen:
- Wie kommt ein Mensch dazu, solche Versprechungen zu machen?
- Wo wird's für euch schwierig, Jan zu folgen?
- Was haltet ihr von Jans Sinneswandel?
- Würdet ihr ähnliche Versprechungen machen? Warum? Warum nicht?
- Wo liegt der eigentliche Clou in dem Text? Was bedeutet Liebe für Jan Vering?

Liedtext:
Rettet dem Dativ
(Song for my lady Ute)

Ich werd den Bart abscheren, mich rasieren Tag für Tag,
werd Wagner-Opern hören und glauben, dass ich's mag,
werd nur noch Milch trinken und dem Kaffee abschwören,
beim Frühstück den Gemüsesaft bis zur Neige leeren.

Ich werd allmorgendlich joggen und aufstehn ohne Wecker,
ich werd Tennis trainieren, demnächst besieg' ich den Becker,
ich werd Nudeln verdammen und Haferflocken lieben,
ich bring dir die Brötchen schon um viertel vor sieben.

Ich werd deinem Vater nie verraten, dass ich ganz was anderes wähle,
und falls ich deiner Mutter aus Versehen mal erzähle,
dass ich Käsekuchen hasse, dann will ich mich auch schämen
und zur Strafe mir zwei Stückchen extra noch nehmen.

Und überhaupt: ich kauf mir das gold'ne Anstandsbuch,
ich werd es lesen und studieren und damit nicht genug;
dank seiner Regeln werd ich zum Gentleman im Nu
und der Grund dafür bist nur du.

Und falls du jetzt sagst, das Lied sei ein bißchen daneben,
dann nick ich dazu und dann laß ich es eben
und such einen besseren Weg dafür,
um zu sagen: ich liebe dir

(Jan Vering, ©Pila music 1986)

Input
Wenn ich jemanden liebe, dann setze ich klare Prioritäten. Der andere ist mir einfach wichtiger als ich selbst. Das heißt nicht, dass ich selber mir gar nicht mehr wichtig bin. Der gute Jan liebt ja nach wie vor seinen Bart und seinen Kaffee. Aber er liebt Ute eben mehr! Da kann er auch den Bart opfern und sogar Käsekuchen essen! Ich selbst bin plötzlich nicht mehr so wichtig. Der oder die andere ist jetzt wichtiger. Das heißt nicht, dass ich dadurch zum Arschloch werde oder zum bloßen Knochensack oder Erdenwurm. Aber der Geliebte ist mir mehr wert als alles andere!

Gott lieben heißt, dass er mir das Wichtigste im Leben ist.

Gott auf meiner Wichtigkeitsskala
Verwendung: Vertiefung
Material: Stifte und Zettel
Ablauf: Die Teilnehmer sollen die folgenden Fragen jeder für sich beantworten und auf einen Zettel schreiben.
- Wo rangiert Gott auf deiner Wichtigkeitsskala?
- Was heißt das für dich: Klare Prioritäten setzen? Wie sieht das konkret aus?

Bibel im Gespräch
Verwendung: Vertiefung
Material: Bibel oder auf Folie kopierter Bibeltext, Overheadprojektor.
Texte: Es eignen sich z.B. Markus 1,16-20 (die Jünger lassen alles stehen und liegen); Lukas 19,1-10 (Zachäus wirft sein Geld weg), Apostelgeschichte 5,29 (der Gehorsam gegen Gott wird über den Gehorsam gegenüber Menschen gestellt).
Ablauf: Der Text wird aufgrund der bisherigen Ergebnisse besprochen. Folgende Thesen können eingebracht werden:
- Wer Jesus begegnet, ist so begeistert, dass alles andere unwichtig wird.
- Auch was andere sagen spielt nicht mehr die entscheidende Rolle.
- Bei Jesus zu sein ist das Wichtigste.
- Wer Jesus liebt, der ändert konsequent sein Leben.
- Man kann nicht lieben und alles beim Alten lassen.

Abschluss

Input
Wenn ich jemanden liebe, kann ich sogar mein Leben ändern. Liebe verändert mein Leben und mein Wesen.

Ich bleibe nicht wie ich bin. Liebe lässt nicht alles beim Alten.
Ich gebe mich selbst nicht auf, wenn ich für Gott etwas aus Liebe tue. Im Gegenteil: Es kommen sogar manche verborgenen schönen Seiten in mir zum Vorschein. Was ich aus Liebe tue, ist ja auch meine Entscheidung! Es kommt aus mir heraus und wird mir nicht abgepresst oder aufgezwungen. Das, was mir am wichtigsten ist, das prägt auch mein Handeln ganz natürlich. Deshalb ist es wichtig, dass wir klare Prioritäten setzen.

Segment: Ich liebe Gott
Tschiackaaa – Du schaffst es!

Thema: Liebe motiviert
Art: Gestaltung einer Jugendstunde

Begrüßung

Video-Reportage
Verwendung: Begrüßung
Material: Videorecorder, Video mit einer Aufzeichnung eines Motivationskünstlers wie Emile Ratelband, Fernseher oder Zeitung / Zeitschrift
Ablauf: Das Video wird vorgespielt (Bänder sind evtl. bei Fernsehsendern zu bekommen). Alternativ kann auch ein Artikel aus einer Zeitung / Zeitschrift vorgelesen werden oder man spielt das ganze selbst.
Input: Motivationskünstler sind Menschen, die in der Wirtschaft mit Managern arbeiten, aber auch vor großen Menschenmengen. Sie versuchen durch bestimmte suggestive Techniken Menschen zu motivieren, dass sie z.B. über Scherben und glühende Kohlen laufen. Der tiefere Sinn dahinter soll sein, dass frustrierten armen Tröpfen wieder neues Selbstbewusstsein eingeflößt wird und sie also gestärkt sich wieder ihrem grauen Alltag stellen und neue Leistung bringen können. Emile Ratelband ist der wohl bekannteste „Motivator" (Tschiackaaa – Du schaffst es!).
Das Problem ist: man kann zwar Menschen kurzfristig mitreißen, aber eine langfristige Besserung wird nicht erreicht. Die Motivation kommt von außen, von einer starken Persönlichkeit. Fällt diese weg, dann wird schnell deutlich, was wirklich übrig bleibt. Echte Motivation muss aus uns selber heraus kommen.

Die Methoden der „Motivatoren" werden besprochen
- Was haltet ihr davon?
- Was ist das Gute?

- Was ist schwierig an den Methoden?
- Was könnte euch motivieren / in Bewegung setzen?

Einstieg

Grand Prix der Minnesänger
Verwendung: Einstieg
Material: Kassette mit Schlagerschnulzen oder romantischen Popsongs (sollten einigermaßen bekannt sein), Recorder oder HiFi-Anlage, Hüte jeder Art, Schultüten, Decken, die groß genug sind, dass man sie als Umhänge nutzen kann, evtl. Sicherheitsnadeln
Input: Echte Motivation kommt von innen. Liebe kann eine ungeheuer starke Motivation sein. Liebe hat Menschen dazu gebracht, völlig verrückte Dinge zu tun! Im Mittelalter sind Männer in Strumpfhosen durch die Gegend gerannt und haben wie verrückt ihre Laute gezupft und schmalzige Lieder gesungen.
Ablauf: Die Mädels bekommen alle eine Schultüte auf den Kopf, die man bei Bedarf auch mit einem Schleier o.ä. versehen kann, und einen Umhang. Die Jungs bekommen die Hüte und ebenfalls einen Umhang (wenn jeder Teilnehmer eine Decke mitbringt, klappt das prima). Die Jungs müssen nun der Reihe nach Karaoke singen zu den Liedern vom Band. Der Junge, der am inbrünstigsten singt, hat den Wettbewerb gewonnen (und muss das Mädchen nicht küssen, haha!! Natürlich kann man sich auch einen anderen Preis ausdenken). Dann werden die Rollen vertauscht. Die Mädels müssen singen (hey, was ist? Immerhin haben die Zeiten sich geändert!). Die Texte der Lieder kann man vorher zur Not aufschreiben und ausgeben.

Vertiefung

Für meinen Freund / meine Freundin würde ich...
Verwendung: Vertiefung

Material: Zettel und Stifte
Ablauf: Ganz schön verrückt, was?! Damals war das völlig normal! Jedenfalls für Verliebte! Liebe kann uns zu Höchstleistungen motivieren - und auch zu völlig verrückten Sachen.
Frage:
- Wozu könntet ihr euch hinreißen lassen?
- Für meinen Freund / meine Freundin würde ich ...
Die Antworten werden in der Gruppe besprochen.

Bibel im Gespräch
Verwendung: Vertiefung
Material: Bibel, kopierter Bibeltext auf Folie, Overheadprojektor. Will man das mittelalterliche Gepräge aufrecht erhalten, dann kann man den Text auf ein entsprechend gedrucktes Papier kopieren. Beispieltext: Apostelgeschichte 2,42-47
Ablauf: In der Bibel werden die ersten Christen in der allerersten Gemeinde beschrieben. Erarbeitet den Bibeltext mit Hilfe der folgenden Fragen.
Fragen:
- Was motiviert wohl die ersten Christen?
- Wie drückt sich ihre Liebe zu Gott aus?
- Welche Konsequenzen hat das?
- Wie könnte eine völlig verrückte Liebe zu Gott heute aussehen?
- Wie könnte das für dich selbst aussehen?
- Wo liegen für dich Hindernisse oder Probleme?
Die Fragen werden in der Gruppe besprochen.

Abschluss

Input
Die Liebe ist eine starke Motivation. Die Liebe zu Gott motiviert manche Leute sogar, in den Gottesdienst zu gehen anstatt auszuschlafen! Und das jeden Sonntag! Das ist verrückt! Die Liebe zu Gott motiviert auch dazu,

mit ihm zu reden, mit ihm zusammen zu sein, zu singen, zu tun, was er will, sich um andere Menschen zu kümmern, etc.

Segment: Ich liebe Gott
Only you

Thema: Liebe bindet sich -
Art: Gestaltung einer Jugendstunde

Begrüßung

Jugendliche beleidigen
Verwendung: Begrüßung
Material: kein Material erforderlich
Ablauf: Die eintreffenden Jugendlichen werden gründlich angepöbelt und beleidigt. Bei allem schwarzen Humor hinter dieser Aktion ist sensibel darauf zu achten, es nicht zu weit zu treiben. Die Brücke zum Thema muss jederzeit geschlagen werden können.

Einstieg

Hau ab, du Ratte – oder: wie ich jeder Freundschaft den Garaus mache.
Verwendung: Einstieg
Material: Stifte und Zettel
Ablauf: Die Teilnehmer sollen jeder für sich die folgende Frage beantworten:
- Das Einmaleins des Beziehungskillers: Wie kann ich es erreichen, dass eine Freundschaft garantiert scheitert?
Die Antworten werden in der Gruppe vorgelesen. Von den Antworten ausgehend sollen die Teilnehmer nun die Bedingungen für eine gelungene Freundschaft nennen.

Bis dass der Tod uns scheidet?
Verwendung: Einstieg
Material: Stifte, speziell vorbereitetes oder bedrucktes „Vertragspapier"
Ablauf: Die Teilnehmer sollen einen Ehevertrag aufset-

zen. Leitfragen:
- Was wäre für sie wichtig?
- Was muss unbedingt rein?
- Worauf können sie verzichten?

Anschließend werden die Verträge vorgestellt und besprochen.
- Was ist das Gute an solch einem Vertrag? Was ist der Nachteil?
- Sollte man einen Vertrag abschließen, wenn man heiratet? Warum? Warum nicht?

Input des Leiters:
Ein Vertrag hat gute und schlechte Seiten. Die gute ist, dass eine Beziehung geregelt wird, dass ich mich darauf verlassen kann. Die schlechte ist, dass ein Vertrag Ausdruck von Angst und Misstrauen ist. Könnte ich dem anderen vorbehaltlos vertrauen, bräuchte ich keinen Vertrag. Wenn ich jemanden liebe, dann bleibe ich bei ihm / ihr. Warum also die Eventualitäten einer Scheidung regeln?

Ist der Leiter selber verheiratet, kann er / sie hier eigene Erfahrungen einfließen lassen (Warum eigentlich habe ich geheiratet? Was bedeutet mir das eigentlich, verheiratet zu sein?).

Vertiefung

Hehre Maid, ich will euer sein auf immer!
Verwendung: Vertiefung
Material: kein Material erforderlich
Ablauf: Die Jungs der Gruppe suchen sich jeder eine Liebste von den Mädels aus (sollten zu wenig Jungs oder Mädchen da sein, dann muss leider der eine oder andere kurzfristig das Geschlecht wechseln). Die Liebste ist nun die Ehefrau. Die Ehefrauen treten in einen Wettstreit darüber ein, welcher der liebevollste Ehemann ist. Sie erlegen den Männern nacheinander Dinge auf, die diese zu erledigen haben (z.B. sich mit dem Fuß am Ohr kratzen, fünfmal sämtliche Treppen des Hauses

rauf und runter laufen, einen Kopfstand machen, o.ä.. Es sollte allerdings nichts völlig Unmögliches dabei sein). Die Männer können sich entscheiden, wie groß ihre Liebe zu ihrer Frau ist. Wenn die Liebe groß genug ist, dann werden sie die Aufgabe erfüllen, wenn nicht, dann können sie sich weigern. Der Ehemann, der am längsten durchhält, ist der liebevollste
und treueste Ehemann von allen und bekommt von seiner Frau eine Tafel Kinderschokolade oder etwas ähnliches spendiert.
Die Frauen werden ein großes Interesse an den Tag legen, dass ihr Mann den Wettbewerb gewinnt! Schließlich wollen sie nicht als Beschämte dastehen! Zugleich müssen sie aber die Anforderungen höher schrauben, um auch wirklich zu gewinnen.
Die Spielregeln werden vorher erklärt, so dass die Jungs sich ihre Partnerin entsprechend aussuchen können (welche wird mich gnadenlos in die Pfanne hauen und welche mir nur ein leichtes Joch auferlegen?). Nur von der Belohnung sollte noch nichts gesagt werden. Schließlich sind die Männer völlig selbstlos und in Liebe entbrannt! Da fragt man nicht nach schnödem Lohn!
Sollte das Spiel zu schwierig oder zu peinlich für manche werden oder sollten einige dabei sein, die am Rande der Gruppe stehen, dann kann man dasselbe auch mit je zwei Freunden / Freundinnen spielen oder die Paare als Leiter zusammenführen. Dann wird entsprechend der treueste Freund / die treueste Freundin gekürt.

Input des Leiters (nach dem Spiel):
Liebe heißt treu sein. Wenn ich jemanden liebe, dann bleibe ich bei ihm oder ihr, auch wenn es mal schwer wird. Die Liebe lebt von der Freiheit. Erzwungene Liebe gibt es nicht. Aber Liebe hat auch etwas mit Treue zu tun, nicht mit Beliebigkeit. Liebe bindet sich an den anderen, sonst kann man nicht von Liebe sprechen. Sie hat wesensmäßig etwas mit Beständigkeit zu tun. Man

muss sich auf sie verlassen können. Liebe hat nicht nur etwas mit Gefühl zu tun, sondern auch mit einer klaren Entscheidung, d.h. mein Wille ist daran genauso beteiligt. Das klingt natürlich wahnsinnig unromantisch, aber wer sagt, dass Liebe immer romantisch ist?

Alternative
Eins – plopp – zwei oder drei, du musst dich entscheiden!
Verwendung: Vertiefung
Material: Drei unterschiedliche Stationen, die einfach durch ein Plakat dargestellt werden können oder durch drei Hula-Hoop-Reifen o.ä.
Ablauf: Das bekannte Spiel aus der Sendung mit Michael Schanze wird gespielt. Der Leiter stellt Fragen und die Teilnehmer müssen sich für eine von drei Lösungen entscheiden, die einer entsprechenden Station zugewiesen sind. Die Fragen sollten nicht zu einfach sein, sondern wirklich zum Nachdenken und zur Entscheidung herausfordern. Die Bewegung zu einer der Stationen ist wichtig, weil eine Entscheidung immer auch ein Handeln nach sich zieht. Für jede richtig beantwortete Frage gibt es einen Punkt. Wer die meisten Punkte gesammelt hat, hat gewonnen.
Wer sich einmal entschieden hat, kann nicht mehr zurück.

Alternative
Mal gucken, ob's stimmt!
Verwendung: Vertiefung
Material: Lied „Babooshka" von Kate Bush auf CD, MC oder LP, HiFi-Anlage
Ablauf: Das Lied von Kate Bush wird eingespielt und anschließend besprochen. Es handelt von einer Frau, die ihren Mann testen will. Sie schreibt ihm Briefe, die sie mit dem Namen „Babooshka" zeichnet, und in denen sie ihm vormacht, er habe eine geheime Verehrerin. Sie will sehen, wie ihr Mann darauf reagiert. Der fällt prompt darauf herein. Also arrangiert sie ein Treffen und auch

darauf fällt er herein, auch wenn er merkt, dass ihm etwas bekannt vorkommt.
Fragen
- Was denkt ihr über das Lied?
- Was ist das Traurige?
- Worin liegt die Berechtigung der Frau für ihr Handeln?
- Was denkt ihr über den Mann?

Abschluss

Bibel im Gespräch
Verwendung: Abschluss
Material: Bibel, Zettel und Stifte. Bibeltexte: Josua 24,14f; Matthäus 6,24; Jakobus 4,4
These: Gott lieben heißt: sich für ihn entscheiden und dann bei ihm bleiben.
Ablauf: Zum Bibeltext werden Fragen gestellt und beantwortet
Fragen
- Was heißt das: sich für Gott entscheiden?
- Wann oder wie oft muss ich das denn tun?
- Warum sollte ich das tun?
- Wie sieht das konkret aus?

Input des Leiters, nachdem die Fragen besprochen sind:
Einem Freund kann ich auch mal richtig die Meinung sagen. Ich muss nicht alles schlucken. Wenn Gott mich liebt, dann kann er das vertragen. Wir können Gott auch Fragen stellen, auch wenn wir ihn nicht in Frage stellen können. Umgekehrt sieht das ähnlich aus! Ich muss mich auch von Gott fragen lassen, mich allerdings selbst in Frage stellen lassen. Es gibt gewisse Regeln für das Zusammensein mit Gott. Ich muss mir klar werden, was mir wichtig ist und was ich will, und mich dann entscheiden; und das immer wieder neu. Gott lieben heißt: sich für ihn entscheiden, sich an ihn binden, ihm treu sein.

Segment: Ich liebe mich

Thematische Einführung

Du hast mich geschaffen – meinen Körper und meine Seele. Im Leib meiner Mutter hast du mich gebildet. Herr ich danke dir dafür, dass du mich so wunderbar und einzigartig gemacht hast! Großartig ist alles, was du geschaffen hast – das erkenne ich. (Psalm 139,13)

Platt wie 'ne Flunder oder mit Profil
Das Ganze sehen lernen!
Kennst du 3D-Bilder? Du siehst sie an und siehst zuerst nur ein ganz normales Bild, oft unverständlich und flach. Dann konzentrierst du dich und siehst immer noch nichts. Irgendwann verschwimmen die Konturen vor deinen Augen, alles ist noch undeutlicher. Plötzlich eröffnet sich für dich eine ganz neue Sicht, eine ganz neue Dimension. Du siehst auf diesem Bild Dinge, die du gar nicht vermutet hast, lebendig, greifbar, tief und in vielen verschiedenen Formen.
Unser Leben gleicht so einem 3D-Bild. Es ist reich, vielfältig und auf den ersten Blick nimmt man die vielen Gaben, Begabungen im eigenem Leben nicht wahr. Es braucht Energie und Konzentration, um sich das Bild zu erschließen, genau so ist es mit deinem Leben. Viele Menschen haben nur ein flaches Bild von sich selbst. Aber wer sich aufmacht, um das zu sehen, was Gott sieht, der kommt aus dem Stauen nicht mehr heraus.
Vielleicht reduzierst du dein Leben auch auf eine Dimension und verlierst so den Blick für die Vielfalt, die Gott in dich hineingelegt hat. Du kannst dich selber nicht annehmen und lieben, weil dir dein flaches Bild nicht gefällt. Dabei hat Gott dir so viel geschenkt; viel mehr als du sehen und begreifen kannst. David hat das in Psalm 139,13 ff beschrieben und anerkennt Gottes Werk: *Großartig ist alles, was du geschaffen hast – das erkenne ich.*

Denkmal
Ich möchte dir Mut machen, dich als Original Gottes zu sehen, mit vielen Gaben und Begabungen, aber auch mit Schwächen und Grenzen, beides gehört zum Leben. Am wichtigsten ist mir aber, dass du dich als Geschöpf Gottes sehen kannst, der dich liebt und alles für dich gegeben hat. Und als Folge daraus, dass du dich selbst lieben kannst, selbst annehmen kannst und bei dir selbst zu Hause bist. Der Weg dahin ist nicht einfach, weil auf diesem Weg viele Botschaften auf dich einstürmen und dir ein ganz anderes Bild zeigen wollen, von dem, was du in unserer Gesellschaft sein sollst.

Ablehnung, Sehnsucht, Sucht
Sehen lernen, was uns Sehn(Sucht) macht
In unserer westlichen Gesellschaft wird dir durch Werbung und Lifestyle ein ganz bestimmtes Menschenbild als das wahre vorgegaukelt. Man muss ganz bestimmt aussehen und sich kleiden, um dem eindimensionalen Bild der Modetrends zu entsprechen. Tut man das nicht, gehört man irgendwie nicht dazu.
Diese Reduzierung auf ein eindimensionales Menschenbild weckt Sehnsucht. Mit Sehnsucht meine ich das Verlangen nach erfülltem Leben, einem Leben, bei dem ich ganz bei mir selber bin und gleichzeitig ein heiles Beziehungsnetz habe. Da wo Menschen das nicht gelingt, wird die Sehnsucht oft zur Sucht. Sucht, sagt der Duden, ist ein krankhaftes Verlangen nach etwas, das man nicht mehr kontrollieren kann.
Viele Süchte haben ihren Ursprung in der Ablehnung, die Menschen erfahren und die sie sich selbst entgegenbringen. Menschen suchen ziellos nach etwas im Leben, das sie hält und trägt. Viele Menschen, so scheint es, haben sich selbst verloren und finden nicht mehr zu sich zurück. Sie sind sich fremd und können sich nicht mehr annehmen. Die Fähigkeit zur aufrichtigen Selbstliebe ist ihnen dabei verloren gegangen.

Du bis Du – Profil in der Freiheit
Sehen lernen – wie die Welt dich sieht und wie Gott dich sieht

Die Liebe zu sich selbst bedeutet zuerst die Abkehr und Freiheit von dem, was mich krank macht. Das hat Paulus schon in Römer 12,2a geschrieben: " *Nehmt nicht die Forderungen dieser Welt zum Maßstab, sondern ändert euch, indem ihr euch an Gottes Maßstäben orientiert."*

Mich beeindruckt diese klare Sicht von Paulus. Wenn wir uns an den Maßstäben dieser Welt orientieren, dann finden wir nicht zu uns selbst, sondern wir verlieren uns in den „Forderungen" der Welt. Unsere Gesellschaft legt großen Wert auf Individualität, aber nur solange diese Individualität nicht mit den Interessen der Gruppe in Konflikt kommt. Viele Jugendliche leiden darunter, dass ihre Einmaligkeit nicht respektiert wird. Nicht nur von den Eltern, auch in der Schule und in den Gemeinden werden Jugendliche häufig nicht mit ihren Gaben und Fähigkeiten ernst genommen. Egal was sie tun, die Anerkennung bleibt aus. Machen sie etwas falsch, dann fehlen meistens Menschen, die sie begleiten und ihnen helfen, aus Fehlern zu lernen. Viele Jugendliche resignieren, und um nicht aufzufallen, passen sie sich der Masse an, machen nach außen eine gute Figur, treten selbstbewusst und selbstsicher auf. Sich selber leben und lieben sie dabei aber nicht.

Denkmal
Paulus sagt, wenn wir mit unserem Inneren in Berührung kommen wollen, brauchen wir dazu die Maßstäbe Gottes. Lass dich nicht - durch die Vorgaben um dich herum - in eine Form pressen. Gottes Maßstäbe sind wie Leitplanken an der Autobahn, sie schützen und helfen, auf dem Weg zu bleiben, der gut und richtig für dich ist. Diese Reise fängt in dir an, und der erste Schritt auf dieser Reise ist, dass du dich als Geschöpf Gottes siehst und dich selber lieben und annehmen lernst.

Leben – Lernen - Liebe
Sehen lernen, dass ‚sich selber Lieben' gelernt werden kann
„Niemand wird mit der Fähigkeit zur Selbstliebe geboren. Sie wird erworben oder auch nicht" (Walter Trobisch, Liebe dich selbst, 1975). Wer sie nicht erwirbt, ist auch nicht zur Liebe zu anderen fähig. Wir alle brauchen im Laufe unseres Lebens immer wieder auch die Selbstbestätigung durch andere, wir müssen immer wieder angenommen werden. Wenn Selbstliebe etwas ist, was nicht angeboren ist, dann kann ich es jederzeit lernen, dazu ist es nie zu spät. Dabei spielt unsere Lebensgeschichte eine Rolle. Wenn wir von unseren Eltern abgelehnt wurden, oder sonst viel Ablehnung erfahren haben, dann nagt das an unserem Selbstwertgefühl. Aber wir sind nicht hilflos diesen Gefühlen ausgeliefert. Wir können uns verändern, wir sind nicht hilflos unserer Vergangenheit ausgeliefert. Der erste Schritt könnte sein, dass wir uns selbst mit unseren Fehlern und Sünden gnädig im Lichte Gottes sehen.

Vergeben , Vergessen
Sehen lernen, - dass du dich mit deinem Leben versöhnen kannst
Sei realistisch mit dir: Wahre Demut ist realistisch und steht zu den eigenen Stärken, Erfolgen und Gaben genau so wie zu den Fehlern, dem eigenen Versagen und den Defiziten. Neulich habe ich mich über mich selbst geärgert, weil ich etwas Wichtiges vergessen hatte. Das war mir peinlich und ich habe mich innerlich beschimpft und mir Vorwürfe gemacht. Als ich abends darüber nachdachte, ist mir aufgefallen, dass ich mir selbst eigentlich viel weniger vergebe als anderen. Gibt es in deinem Leben Dinge, die du dir nicht vergeben kannst, die du wie einen ausgekauten Kaugummi unter den Tisch klebst, ihn aber dann wieder nach einer Weile in den Mund steckst und weiter kaust? Du brauchst deine Fehler nicht immer wieder in Gedanken zu wiederholen und sie ein Leben lang mit dir herumzuschlep-

pen. Jesus geht ehrlich mit dir um, und wenn er vergibt, dann richtig.

Denkmal
Wenn du Jesus bittest, dass er dir deine Sünden vergeben soll, und du vergibst dir selbst nicht, dann ist das eine Beleidigung für deine Liebe zu dir selbst und eine Beleidigung für die Liebe, die Jesus für dich hat.

Das Kapital: „Dein Leben"
Sehen lernen, dass deine Lebensgeschichte dein Kapital ist

Jeder Mensch hat seine eigene Geschichte, die mit der Geburt anfängt und auf dieser Welt erst mit dem Tod endet. Mit unserer Lebensgeschichte ist es so wie mit einem wertvollen Gemälde: Jeder Mensch ist ein Original, gemalt in einem ganz bestimmten Stil, mit bestimmten Farben auf einem Untergrund aus Leinwand, Holz oder Papier. Viele Motive sind in unser Lebensgemälde eingeflossen: Vergangenheit, Familie, Erbanlagen, unser Geschlecht, unsere Kultur und vieles mehr. Alle unsere Erfahrungen, die wir gemacht haben, kommen in unserem Lebensgemälde vor. Die Summe deiner Erziehung, deiner Erfahrungen hat dich geprägt und dich zu einer einmaligen Persönlichkeit gemacht. Aber auch zu einem „Lebenskünstler", denn was du gelernt hast, kannst du anwenden, um anderen zu helfen und um dein eigenes Leben zu meistern. Das macht dich einzigartig, es gibt keinen anderen Menschen mehr auf dieser Welt, der das gleiche Lebensbild hat wie du.
Wer „Ja!" zu sich sagt, der fühlt sich besser und braucht nicht immer angestrengt zu versuchen, eine Rolle zu spielen, denn das kostet viel Kraft und macht unecht. Nur wer sich auch zu seinen Schattenseiten und Schwächen stellen kann, wer auch vor anderen zu seinen Fehlern stehen kann, hat wirklich ein gutes Selbstwertgefühl.

Wir können mit unserer Vergangenheit, ganz gleich ob die Farben schrill, Pastell oder Ton in Ton sind, ein wunderbares Bild gestalten, aber wir müssen uns auf die Farben und das Motiv des Bildes einlassen, uns aussöhnen mit dem Material, aus dem unser Lebensstil, unsere Lebensgeschichte besteht.

Gott hat „Ja" gesagt zu unserem Lebensbild, ob es schwer oder leicht ist, bunt oder eher eine feine schwarz/weiß Federzeichnung. Wichtig ist, dass auch wir ein „Ja" zu unserer Lebensgeschichte finden, erst dann können wir uns auch selber annehmen.

Denkmal
Du hast mich geschaffen – meinen Körper und meine Seele, im Leib meiner Mutter hast du mich gebildet. Herr ich danke dir dafür, dass du mich so wunderbar und einzigartig gemacht hast! Großartig ist alles, was du geschaffen hast – das erkenne ich. (Psalm 139,13)

Selbstliebe: der Weg zur Selbstlosigkeit
Sehen lernen: - dass die Selbstliebe die Augen für den anderen öffnet

Selbstliebe ist die Grundvoraussetzung um für andere da zu sein. Ich liebe mich selber und kann mich damit annehmen wie ich bin, deshalb bin ich auch fähig, von mir wegzusehen, weil ich mich ja sicher habe, deshalb kann ich auf den anderen, auf das Du sehen. Erst wer sich selber loslassen kann, wird reif zur Liebe, das heißt zum Geben und Nehmen in der Auseinandersetzung mit einem Gegenüber. Nur wenn ich mein Selbst angenommen habe, kann ich es auch loslassen, kann selbst–los werden, brauche mich selber nicht immer so ernst zu nehmen.

Habe ich mein Selbst aber nicht gefunden, dann muss ich mich ständig suchen und werde auf diesem Weg, mich selber zu finden, selbst–süchtig oder egoistisch, weil ich ja immer etwas brauche, was ich noch nicht habe, um bei mir selber zu sein.

Gott hat mich geschaffen, darum lerne ich, mich selbst zu lieben
Wegweiser auf dem Weg zur Selbstliebe

- Hör auf, dich selber zu kritisieren: Kritisieren ändert nichts, aber es gibt dir eine starke negative Haltung zu dir selbst. Nimm dich an, so wie du bist. Jesus hat das auch getan, er nimmt dich an, so wie du bist.
- Mach dir nicht selber Angst: Oft sind es unsere eigenen Gedanken, die uns am meisten Angst machen, sie terrorisieren uns. Es beginnt damit, wie wir uns einschätzen und wie wir uns sehen. Wenn du dich in deinen Gedanken schlecht machst, vergiss nicht, dass du ein guter Gedanke Gottes bist.
- Sei geduldig, freundlich und zuvorkommend mit dir selber: Wir lernen schon sehr früh, zu anderen Menschen freundlich, geduldig und zuvorkommend zu sein. Das gilt aber auch für den Umgang, den wir mit uns haben. Behandle dich wie jemanden, den du liebst.
- Lob dich: Wann hast du dich zum letzten Mal selbst gelobt? Wer immer kritisch mit sich umgeht, der zerbricht an seiner eigenen Kritik. Sieh auch die kleinen Dinge in deinem Leben, die dir gut gelingen.
- Such Unterstützung: Such dir Freunde, mit denen du reden kannst. Man ist stark, wenn man den Mut hat, mit jemandem über seine Probleme zu sprechen.
- Gib dir die Zeit für Veränderung: Werde nicht ungeduldig mit deinen negativen Seiten. Nimm sie an als Teil deiner selbst.
- Kümmere dich um deinen Körper: Wir haben auch für unseren Körper eine Verantwortung. Er ist (nach 1.Korinther 3,16ff) der Tempel des Heiligen Geistes. Lerne, was gut für ihn ist, was du brauchst für die optimale Energie und Vitalität. Sport ist genau so wichtig wie genug Schlaf.
- Nimm deinen Körper an auch mit seinen weniger guten Seiten. Das gehört auch zu dir. Niemand ist perfekt, auch wenn uns das jeden Tag in den Medien vorgegaukelt wird.

Denkmal
Liebe dich selber, so wie du von Gott geliebt bist: Warte nicht damit, bis es dir besser geht, bis du Gewicht verloren hast, bis die Pickel weniger werden oder Lebensprobleme sich gelöst haben. Fang jetzt damit an. Denk daran, du bist „Made by God", du bist ein Original Gottes.

Anhang

In den Einheiten wird mit Begriffen gearbeitet, die leicht missverständlich sind. Zur Verständlichkeit sollen die folgenden Begriffsklärungen beitragen:

Selbstwertgefühl
Ist das Wissen um unseren eigenen Wert, das Wissen, dass man wert-voll ist. Voll mit einem Sinn, einem Wert. Dazu gehört es zu erkennen, dass Gott einen einmalig geschaffen hat

Selbstvertrauen
Sich selber zu trauen und sich etwas zuzutrauen. Seinen Gefühlen zu trauen, aber auch dem zu trauen, was man tut, wie man handelt und denkt. Gott zu vertrauen, dass er uns im Leben begleitet, uns trägt und annimmt so wie wir sind.

Selbstvertrauen und Selbstwert bedingen einander. Wenn ich weiß, dass ich als Mensch von Gott geliebt und gewollt bin, einen unantastbaren Wert habe, für Gott wertvoll bin, dann darf ich auch mich selber annehmen so wie ich bin, brutto, mit all meinen Fehlern und Schwächen.

Selbstbewusstsein
Selbstbewusst ist einer, der sich seiner selbst bewusst ist, der weiß, was in ihm steckt, was er ist und hat. Manchmal wird Selbstbewusstsein nur nach außen zur Schau gestellt, sozusagen Selbstbewusstsein vorgespielt, ohne dass man ein gesundes Selbstwertgefühl hat. Das selbstsichere Verhalten nach außen verdeckt dann die innere Unsicherheit und Leere.

Dietmar Roller

Segment: Ich liebe mich
My Life

Thema: Meine Lebensgeschichte entdecken
Art: Gestaltung einer Jugendstunde

Die Jugendlichen sollen aus ihrer Erinnerung punktuell ihr bisheriges Leben in den Blick bekommen und entdecken, was sie erlebt haben und was sie geprägt hat. Danach sollen sie anhand eines Baukastens nachvollziehen, dass jeder mit den ihm eigenen – von Gott verliehenen – „Lebens-Bausteinen" ein ganz eigenes Gebilde entwerfen soll, das dem eigenen Leben vergleichbar ist. Die Jugendlichen sollen Mut fassen, ihr eigenes Lebensgebäude neben, mit und inmitten von anderen Lebensgebilden zu bauen und sehen, dass es dort eine eigene Berechtigung hat.

Begrüßung
Hinsehen

Artefakte meines Lebens
Verwendung: Begrüßung
Material: von den Jugendlichen mitgebracht
Ablauf: Die Jugendlichen werden in der Woche vor der Stundengestaltung aufgefordert, zur nächsten Stunde Fotos, Gegenstände, Urkunden etc. aus der eigenen Kindheit, Teenie- und Jugendzeit mitzubringen. Dabei sollen sie frei wählen, welche Artefakte der eigenen Vergangenheit mitgebracht werden. In der Gruppenstunde stellt jeder drei mitgebrachte Fotos, Gegenstände oder Urkunden vor und erzählt aus der Vergangenheit.

Variation
Erlebt – Karten
Am Beginn der Stunde bekommt jeder acht Karten mit der Aufgabe:
Bitte trage auf acht Karten je ein Erlebnis ein, das dich

glücklich gemacht hat, und auf die anderen acht Karten je eines, das dich unglücklich gemacht oder verletzt hat. Die Erlebnisse werden, wenn es gewollt ist, mitgeteilt.

Einstieg

Wappen
Verwendung: Einstieg
Material: DIN A2-Bögen Pappe, Stifte
Ablauf: Jeder Teilnehmer bekommt einen DIN A2- oder DIN A1–Bogen mit folgender Aufgabe:
Zeichne ein Wappen (vergleichbar einem Schild, den die Ritter im Mittelalter trugen) und unterteile es in vier Teile. Schreibe / zeichne / male hinein:
Feld 1: Was Ich Schönes in meinem Leben erlebt habe
Feld 2: Was mich unglücklich gemacht hat
Feld 3: Was ich gut kann
Feld 4: Was ich nicht gut kann
Die Wappen werden nach dem Prinzip der motivierten Freiwilligkeit erläutert.

Input
Wir haben gemeinsam eben gerade erlebt und gesehen oder gehört, wie unterschiedlich und vielfältig jedes einzelne Leben verlaufen ist. Die unterschiedlichsten Lebensbausteine gestalten bei jedem von uns das Leben, und ganz unterschiedlich werden Lebenszeiten erlebt. Manches begeistert uns und bekommt uns gut, andere Dinge machen uns das Leben schwerer. Was dem einen gefällt und liegt, das findet ein anderer doof. Und alles müssen wir irgendwie unter die Füße bekommen. Oft genug machen wir es uns dabei nicht leicht, weil wir meinen, der andere müsste genauso sein und empfinden wie ich, oder ich müsste genauso sein wie andere. Uns selbst neben anderen und dann auch mit anderen zu sehen, ohne unzufrieden mit uns selbst zu werden oder neidisch auf andere zu sein, müssen wir lernen. Jeder hat von Gott seine ihm eigene Perspektive in den Begabun-

gen und Gaben mitbekommen und auch die Voraussetzungen - den Baukasten –, diese Perspektive zu leben.

Vertiefung
Umgehen

Mein Leben – *meine* Baustelle
Verwendung: Vertiefung
Material: Lego und/oder Holzbausteinkästen in Anzahl der Teilnehmer. Es ist auch möglich, dass jeder seinen eigenen Bausteinkasten von zu Hause mitbringt.
Ablauf: Jeder Teilnehmer erhält ausreichend „Baumaterial" und baut sein Lebenshaus
Arbeitsaufgabe: Baue aus den Steinen in deinem Baukasten dein Lebenshaus! Achte darauf, dass es ein möglichst dir entsprechendes Gebilde / Gebäude wird, in dem du dich wohl fühlen würdest. Es muss allein dir gefallen, keinem anderen. Dabei ist nur das Bauen mit den eigenen Steinen erlaubt. Es dürfen keine Steine mit dem Nachbar ausgetauscht werden.
Leitfragen: Folgende Fragen können den Teilnehmern während des Bauens zum Nachdenken mitgegeben werden:
- Welche Bausteine gefallen dir besonders gut?
- Was verbindest du aus deinem eigenen Leben mit einem oder mehreren Steinen?
- Welche Steine findest du nicht so gut und würdest du am liebsten nicht verbauen? – Warum?

Nachdem alle fertig gebaut haben, bleiben die Gebilde erhalten und stehen zur Besichtigung im Raum. Es ist möglich, ein austauschendes Gespräch über die Bauwerke anzuschließen.

Input
Wie ihr bemerkt habt, sollten die Baukästen dein Leben veranschaulichen. Es sind bestimmte Steine vorhanden. Die sind da. Andere sind nicht da. Aber aus jedem der

Baukästen ist ein Gebilde geworden. Jedes anders, aber jedes originell – ein Original. Ihr habt auch die Erfahrung gemacht, dass im Nachbarbaukasten Steine drin waren, die ihr gerne gehabt hättet. Oft ist es so, dass wir viel von unserer Zeit damit verbringen, auf die Steine von anderen zu schielen, anstatt daran zu gehen, unseren eigenen Steinen den Platz zu geben, an dem sie richtig aufgehoben sind.
Gott selbst ist es, der uns unseren Bausteinkasten mit unseren eigenen Steinen gegeben hat. Stärken, Schwächen, Eltern, Großeltern, Gaben, Grenzen, Vergangenheit und Geschichte, Körper, Geschlecht, Sexualität und Gesundheit und, und, und ...
Welchen Wert, welchen Platz wir den eigenen Bausteinen dabei zukommen lassen, das ist unsere Entscheidung. Tatsache ist, dass Gott in jeden – in dich – viele Dinge hineingelegt hat, die dazu ausreichen, das zu entwickeln, was dir selbst entspricht – letztlich das zu werden, was Gott in dir längst sieht.

Psalm 139,13: „Du hast mich geschaffen - meinen Körper und meine Seele. Im Leib meiner Mutter hast du mich gebildet. Ich danke dir, Herr, dafür, dass du mich wunderbar gemacht hast! Großartig ist alles, was du geschaffen hast – das erkenne ich."

Der letzte Satz scheint mir in unserer Zeit die größte Schwierigkeit zu sein. Mit dem, was in unserem Lebensbausteinkasten drin ist, ist bereits vieles geschehen. Vieles, was - von uns unbemerkt - mit uns passiert ist und unser Lebenshaus ins Wackeln gebracht hat, was ihm einen hässlichen Anstrich verpasst und uns manchmal lange überhaupt am Bauen gehindert hat.

Die Herausforderung heißt: Entdecke dein Ja zu dir selbst! Überrasche dich mit dem Blick auf dein Leben aus Gottes Sicht. Finde heraus, dass du wunderbar gemacht bist. Lerne dich zu lieben. Dazu hat Gott dir allen Grund gegeben.

Abschluss
Weitergehen

Erinnerungsphoto
Verwendung: Abschluss
Material: Sofortbildkamera, Filme, goldfarbene Lackstifte
Ablauf: Zur einprägsamen Erinnerung erhält jeder Teilnehmer ein Bild von sich und seinem Bauwerk. Mit dem Stift schreibt jeder Teilnehmer auf sein Bild: Wunderbar gemacht!

Segment: Ich liebe mich
Die Black-Box leeren

Thema: Mir selbst vergeben können
Art: Gestaltung einer Jugendstunde oder eines Jugendgottesdienstes

Die Jugendlichen sollen in der Tiefsicht ihres Lebens erkennen, dass Verletzungen und auch Negatives zu ihrem eigenen Selbstbild gehört. Diese Dinge lähmen oft den positiven Umgang mit uns selbst und trüben und verzerren unsere Selbstwahrnehmung.
Um uns selbst lieben zu können ist es ein weiterer Schritt, den Blick in die Black-Box unseres eigenen Lebens zu werfen. Entscheidender als der Blick in diese Black-Box aber ist es, wie a.) ich selbst, b.) Gott mit meiner und dann auch c.) ich mit der Black-Box anderer umgehe. Hier sollen die Jugendlichen wahrnehmen, dass Gott mich nicht für das bestraft, was sich darin findet und ich es darum auch selbst nicht muss. Weil Gott mit jedem Menschen so verfährt, verändert dies auch meinen Umgang mit den anderen.
Da es sich um ein sehr persönliches Thema handelt, finden die meisten Stundenbausteine in Stillarbeit statt.

Begrüßung

Persönlich
Verwendung: Begrüßung
Material: kein Material erforderlich
Ablauf: Der Leiter oder ein Mitarbeiter erzählt ein Erlebnis seiner Vergangenheit, für das er sich heute noch schämt. In der Durchführung dieser Begrüßung ist Offenheit und Ehrlichkeit gefragt.
Beispieltext: Ich selbst erinnere eine solche Situation, die erst wenige Jahre zurückliegt. Wir verbrachten einen an sich traumhaften Urlaub mit unserer Familie.

Bis zu dem Nachmittag, an dem ich etwas tat, für das ich mich heute noch schäme. Meine Eltern hatten mir meinen dreizehn Jahre jüngeren Bruder Kevin anvertraut, um in einer nahegelegenen Hafenstadt etwas bummeln zu gehen. Zusammen mit meiner Frau und Kevin fuhren wir dorthin. Kevin hatte zwar Geld von meinem Vater mitbekommen, um  sich etwas zu kaufen, aber es reichte nicht mehr für etwas zu essen. Ich kann es bis heute nicht nachvollziehen, was mich getrieben hat, als ich es tat, aber ich habe es fertig gebracht, mir und meiner Frau etwas zum Mittagessen zu kaufen, und meinem kleinen Bruder zu sagen, dass er Pech gehabt hat, wenn er selbst kein Geld mehr hat. Er hat an diesem Mittag nichts gegessen und uns noch dabei zugesehen. Mir läuft es noch heute eiskalt den Rücken herunter, während ich daran denke.

Einstieg

Input
Solche Momente hat jeder von uns erlebt. Mal mehr - mal weniger brutal, doch meistens berühren sie uns peinlich, und wenn wir daran denken, dann schließen wir, ohne es zu merken, manchmal die Augen und schämen uns dafür. Wir tun Dinge, die wir sonst nie tun würden, verletzten einander, werden verletzt, und wenn es passiert ist, würden wir es am liebsten rückgängig machen, aber es geht nicht mehr. Zu mir selbst zu finden und mich selbst zu lieben erfordert auch, einen Umgang mit den Bausteinen meines Lebens zu lernen, die mir unangenehm, zuwider oder kaum erträglich sind. In der Regel haben sie zu tun mit Verletzungen, Misslingen oder Scheitern im eigenen Leben.

Vertiefung

Reise in die Vergangenheit
Verwendung: Vertiefung
Material: kein Material erforderlich
Ablauf: Der Leiter lädt die Teilnehmer zu einer Reise in die Vergangenheit ein, um solche Ereignisse aufzuspüren. Dazu ist es wichtig, dass der Leiter langsam die Phantasiereise beginnt. Besonders an den Punkten, an denen die Jugendlichen etwas erinnern, sind längere Denkpausen erforderlich.
Text:
„Wir schließen die Augen und gehen in Gedanken zurück. Immer weiter zurück. Wir beginnen unsere Reise bei unserem ersten Schultag. Wir schauen uns noch mal den Klassenraum an und die Klassenkameraden. Was haben wir mit ihnen erlebt? Wir haben einen Moment Zeit zur Erinnerung. Welche Freunde hatten wir – und welche Typen waren uns total zuwider? Haben wir sie das auch manchmal spüren lassen? Was war da an schönen Erlebnissen oder guten Erfahrungen? Gibt es Erlebnisse, für die ich mich heute noch schäme? [Pause] Wir gehen etwas weiter voran. Ein paar Schuljahre weiter. Welche Freunde haben sich als feste oder beste Freunde herausgestellt? Was ist geblieben von ihnen – woran ist der Kontakt zerbrochen? Wer war Schuld daran? Was konntest du dafür? Gibt es Erlebnisse, die du dir heute noch nicht vergeben kannst? [Pause] Wir gehen weiter. Wir lassen die Grundschulzeit hinter uns. Wir nehmen unsere Eltern in den Blick. Wie sehen sie aus? Was nervt dich an ihnen? Was halten sie dir immer wieder vor? Was hast du getan, um ihnen einmal etwas heimzuzahlen? Gibt es Erlebnisse, die dir heute noch leid tun? - Und deine Geschwister? Wie habt ihr euch verstanden? Wer von euch hat es am schwersten gehabt? Was habt ihr miteinander erlebt? Worüber habt ihr euch gezofft? Gibt es Ereignisse, über die du heute noch nicht mit deinen Geschwistern sprechen kannst? [Pause] Wir kommen

der Gegenwart näher. Was macht dein Leben lebenswert? Was bereitet dir tiefe Freude? Und was verursacht dir Beklemmungen, Hemmungen, Zurückhaltung? Wo bist du gescheitert? Warum? Gibt es etwas, wofür du dich schämst – von dem du wir wünscht, dass es dir nie passiert wäre? [Pause] Laß die Augen geschlossen. Wenn du auf deiner Reise  durch deine Geschichte an Momente gestoßen bist, für die du dich heute noch schämst, oder an denen du dich schuldig an jemandem oder an dir selbst fühlst, dann geh noch einmal zu diesem Punkt zurück. Bleibe einen Moment lang da stehen. Halte dich selbst aus! [Pause] Wir verlassen diese Situation wieder und tauchen langsam wieder auf. Öffne langsam deine Augen. Wir sind wieder in der Gegenwart.

Von der Seele schreiben
Verwendung: Vertiefung
Material: Karteikarten, Stifte
Ablauf: Nachdem eine weitere kurze Aufwachstille vorübergegangen ist, bekommt jeder Teilnehmer eine oder mehrere Karteikarten mit dem Auftrag:
Nutze die Gelegenheit und schreibe diese Momente in deiner Erinnerung auf die Karten. Schreibe, was dir geschehen ist. Beschreibe, was du fühlst und wie es dir heute damit geht. Wenn du geschrieben hast, lies dir deine Erinnerung noch einmal durch.

Erinnerungen verbrennen
Verwendung: Vertiefung
Material: feuerfestes Gefäß, Streichhölzer
Ablauf: Die Karten werden nacheinander von dem, der sie beschrieben hat, in einer Schale in der Mitte des Raumes verbrannt. Erst wenn er sie verbrannt hat, kommt der oder die Nächste dran. Jedem, der seine Karte(n) verbrennt, spricht der Leiter einen Segen zu. Wenn die Möglichkeit besteht, diese Einheit unter freiem Himmel zu machen, dann kann man dieses Ritual

erweitern, dass derjenige, der die Karte verbrennt, mit bloßen Händen die Asche in den Wind streut und anschließend seine Hände reinigt.
Input
Der Segen, den ich dir zuspreche, verbindet dich mit Gott. In Christus verfährt Gott so mit den Momenten in deiner Vergangenheit, wie du es gerade getan hast. Weil Gott dir in Christus vergibt, kannst du dir selbst vergeben.
Segensworte
„Wenn wir unsere Verfehlungen eingestehen, können wir fest damit rechnen, dass Gott treu und gerecht ist: Er wird uns dann unsere Verfehlungen vergeben und uns von aller Schuld reinigen, die wir auf uns geladen haben." (1.Johannes 1,9)
„Vergebt einer dem andern, wie auch Gott euch vergeben hat in Christus" – So vergib nun auch dir selbst, denn Gott hat dir vergeben in Christus. (nach Epheser 4,32)

Variation
Als Erinnerung und Symbol dafür, dass ich mir vergeben habe, kann auch die Asche der verbrannten Karten in ein Gefäß aufgesammelt und aufgehoben werden. Wichtig ist dann allerdings, dass durch einen Zuspruch (z.B. ein Bibelvers oder ein markanter Satz auf einem Aufkleber an dem Gefäß: „ein für allemal verbrannt") eindeutig sichergestellt wird, dass es sich bei der Asche um Vergebenes handelt, nicht um etwas, an das ich sogar noch durch die Asche immer wieder erinnert werde.

Abschluss

Zuspruch / Gebet
Verwendung: Abschluss
Material: kein Material erforderlich
Ablauf: In eine kurze Stille hinein liest der Leiter folgende Zeilen:

„Du hast mich geschaffen - meinen Körper und meine Seele. Im Leib meiner Mutter hast du mich gebildet. Ich danke dir, Herr, dafür, dass du mich wunderbar gemacht hast! Großartig ist alles, was du geschaffen hast – das erkenne ich. Ich erkenne, dass du willst, dass mein Leben gelingt. Ich erkenne auch, dass ich dies durch meinen Stolz, meinen Ehrgeiz, meinen Neid, mein Versagen, mein Scheitern oft verhindere. Doch du schaffst wieder die Voraussetzungen zu neuem Gelingen – durch deine Vergebung. Ich merke, dass immer wieder Dinge in mir aufsteigen, die ich nicht steuern kann. Sie stehen mir vor Augen, ich schäme mich dafür und klage mich an. Trotzdem gilt: Du hast bereits vergeben. Danke dafür – hilf nun auch mir, dass ich mir selbst vergeben kann."

Variation
Anstelle dieses Gebets könnte auch eine Andacht zu Psalm 103,2-5 oder Jesaja 53,5 gehalten werden.

Segment: Ich liebe mich
Zu-Mir-Komm-Tag

Thema: Der Tag mit dem Verwöhnaroma
Form: Tagesgestaltung

Diese Einheit soll dazu beitragen, herauszufinden, wie ich mir selber nahe kommen und mir Gutes tun kann. Was entspricht mir? In welchen Situationen und unter welchen Umständen bin ich am ehesten bei mir selbst? Welche Neigungen und Vorlieben kann ich entdecken? Wobei kann ich mich am ehesten selbst vergessen und in mir selber wohl fühlen? Was brauche ich, um ganz bei mir zu sein? An diesem Tag soll es darum gehen, die Seele baumeln zu lassen, sich selber liebevoll zu begegnen und zu verwöhnen. Dabei geht es nicht um eine egozentrische Genussachterbahn, sondern um die annehmende und wohltuende Auseinandersetzung mit mir selbst.

Begrüßung

Der Tag beginnt mit einem gemeinsamen ausgiebigen Brunch. Die Teilnehmer kommen an und lassen es sich zunächst einfach gut gehen. Räumlichkeit und Büfett sollten schön hergerichtet sein, damit eine gute, offene Atmosphäre entsteht. Wichtig ist, dass an diesem Tag vor allem Zeit zur Verfügung steht. Vielleicht ist es möglich, für organisatorische Dinge an diesem Tag andere Personen zu gewinnen, damit die Teilnehmer und die Mitarbeiter nicht „arbeiten" müssen, sondern Zeit für sich haben.

Einstieg

Herausfinden, was zu mir gehört
Verwendung: Einstieg
Material: Gegenstände des alltäglichen Lebens (siehe Ablauf)

Ablauf: Auf einem Tisch liegen verschiedene Gegenstände. Jeder Teilnehmer bekommt die Aufgabe, sich den Gegenstand zu nehmen, der ihm am meisten entspricht oder ihm/ihr am meisten Freude bringt. Auf dem Tisch könnten liegen: ein Ball, ein Buch, ein paar Blumen, eine Modelleisenbahn, ein Brettspiel, ein Bild mit Personen, einige Musikinstrumente, ein Haufen Erde, ein Spazierstock, ein paar Laufschuhe, ein Eimer Sand, ein Hammer, eine Schere und buntes Papier, ein Stift mit einem Bogen liniertem Papier, ein Stück Holz, ein Schnitzmesser u.v.m. Die Jugendlichen wählen sich den Gegenstand aus, der ihnen spontan am sympathischsten ist oder mit dem sie ein angenehmes Empfinden verbinden. Sollte nichts dabei sein, können sie auch selbst etwas hinzulegen – oder einfach sagen, was sie nehmen würden, wenn es denn da liegen würde. Die Jugendlichen haben Zeit, sich mit dem gewählten Gegenstand zu beschäftigen. Dazu stehen ausreichend Räume zur Verfügung. Wer sie nutzen möchte, kann dies tun. Wer zu Hause noch etwas (z.B. Werkzeug) holen möchte, kann dies tun. Wer möchte, kann in einen Baumarkt fahren und sich etwas holen, womit er etwas gestalten möchte. Spazieren gehen ist möglich, Fußball spielen, sofern andere diesen Wunsch auch haben; auch ein Gespräch ist erlaubt, vorausgesetzt, der Gesprächspartner findet daran ebensoviel Freude. Jeder darf das tun, was ihm gefällt. Die einzige Einschränkung besteht darin, dass jeder etwas *Aktives* tut. Entspannungsformen wie Fernsehen, Schlafen o.ä. sind nicht gestattet.

In einem der Gemeinderäume steht ein Tisch, auf dem Getränke stehen und etwas zu essen (Obstschale, Joghurts, belegte Brötchen etc.), so dass jeder sich dort zwischendurch bedienen kann.

Ich teile mich mit
Verwendung: Einstieg
Material: kein Material erforderlich

Ablauf: Die Jugendlichen berichten, wie sie ihre Zeit verbracht haben.

Serve me well – Mittagsschmaus
Verwendung: Einstieg
Material: schmackhaftes Mittagessen
Ablauf: Die Jugendlichen werden zu Tisch geladen. Bei Musik und Tanzdarbietung wird ihnen das Mittagessen serviert.

Vertiefung

Entdeckungen in der Stille mit mir
Verwendung: Vertiefung
Material: entspannende Musik
Ablauf: Die Teilnehmer machen es sich in einem größeren Raum auf Decken bequem. Leise wird die Musik eingespielt. Die Teilnehmer entspannen und ruhen.

Erweiterung
Meinem Körper wohl tun
Die Teilnehmer bilden Paare. Jedes Paar erhält einen Tennisball. Wechselseitig massieren sich die Teilnehmer mit dem Tennisball. Dabei wird der Tennisball druckvoll über den Körper gerollt.

Variation
Vielleicht lässt sich aus der Gemeinde oder dem Umfeld der Gemeinde für diese Einheit eine Person gewinnen, die geübt in der Entspannungsmassage ist.

Brief an mich
Verwendung: Vertiefung
Material: Zettel, Stifte, Briefumschläge, Briefmarken
Ablauf: Die Teilnehmer schreiben einen „Liebesbrief" an sich. Er soll Eigenlob, Komplimente an sich, aufmunternden Zuspruch und die Erinnerung an die positiven Entdeckungen des Tages beinhalten. Die Teilnehmer adres-

sieren den Brief an sich. Der Leiter wirft die Briefe am nächsten Tag / nach drei Tagen ein.

Was mir gut getan hat
Verwendung: Vertiefung
Material: kein Material erforderlich
Ablauf: In einem Austausch erzählen die Teilnehmer, wie sie den heutigen Tag verbracht haben und was ihnen daran gut getan hat.

Input
Gott hat jedem von uns Gaben gegeben; Neigungen in uns hineingelegt. Dinge, bei denen ich merke, sie tun mir gut – sie liegen mir. Habe ich mir schon einmal bewusst gemacht, dass die Entfaltung meiner Gaben und Fähigkeiten Gott ehrt? Weiß ich, dass der in diesem Sinne liebevolle Umgang mit mir selbst im Sinne Gottes ist? Er möchte, dass es mir gut geht, dass ich mit mir zufrieden bin, einen guten Umgang mit meinem Leben habe und einübe. Wer bei sich selbst sein kann, sieht und lebt, was Gott in ihn hineingelegt hat, der ehrt Gott als den kreativen, guten Schöpfer.

Danke Gott!
Verwendung: Vertiefung
Material: kein Material erforderlich
Ablauf: In einer Zeit der Stille haben die Teilnehmer die Gelegenheit, mit Gott zu sprechen. Dabei soll der Dank für die Gaben und Neigungen, für den Körper und den Geist im Vordergrund stehen. Je nach Gruppe kann dies eine Gebetsgemeinschaft sein.

Abschluss

Termin mit mir
Verwendung: Abschluss
Material: kopierter Wochenplan der kommenden Woche, Stifte

Ablauf: Jeder Teilnehmer erhält einen Wochenplan. Für die kommende Woche sollen nun Termine mit sich selbst gemacht werden. Die Teilnehmer tragen die Zeiten ein und benennen, was sie an diesem Tag mit sich und für sich tun wollen. Dabei steht der aktive und wohltuende Umgang im Vordergrund. Die konsumierenden Freizeitbeschäftigungen sollen bewusst hinten angestellt werden. Das wird vielen Jugendlichen schwer fallen. In der folgenden Gruppenstunde kann nach der Einhaltung der Termine gefragt werden.

Möglich
Gemeinsames Abendessen und Abendgestaltung

Segment: Ich liebe mich
Gib Gott die Ehre: Liebe dich!

Thema: Mich selbst lieben – Gott ehren
Form: Ein Gottesdienst von Jugendlichen, vorbereitet für die Gemeinde

Schlüsselgedanke dieses Gottesdienstes ist, dass wir durch Selbstliebe und Selbstentfaltung letztlich Gott ehren, der uns geschaffen hat und dessen Urteil über uns „sehr gut" war. Seine Liebe gilt uns unabhängig von unserem Ansehen, Aussehen oder unseren Fähigkeiten. Er liebt uns und er will uns. Darum dürfen wir uns auch selbst lieben und wollen. Der Gottesdienst soll die Freude an mir selbst als Gottes Geschöpf wecken; er soll die Erlaubnis erteilen, aus einem übertriebenen Verständnis von Demut und Selbstverleugnung auszusteigen und Gottes liebevollen Zuspruch zu mir und meinem Körper, meinen Begabungen und Fähigkeiten zu entdecken. Die Besucher sollen Mut entwickeln, sich selbst zu l(i)eben und dadurch Gott zu ehren.

Gestalterische Vorschläge

Tragendes Bild in der Predigt können Sonnenblumen sein, die sich öffnen und entfalten und sich der Sonne zuwenden, wenn sie von ihr angestrahlt werden. Sie tun das automatisch und weisen mit ihrer ‚Blickrichtung' auf ihren Lebensspender – ehren ihn (in dem Fall die Sonne). Wenn die finanziellen Möglichkeiten gegeben sind, kann jeder Gottesdienstbesucher eine Sonnenblume auf seinem Platz vorfinden oder am Eingang oder Ausgang erhalten. Wenn das nicht möglich ist, kann als Blumenschmuck ein großer Strauß Sonnenblumen - möglichst von der Sonne angestrahlt - aufgestellt werden.

Wenn die Sonnenblumen in Form von Blumenschmuck auftauchen, eignet sich ein weiteres Symbol als kleines

Erinnerungsgeschenk an jeden Gottesdienstbesucher: Auf kleine Pappkarten (in Anzahl der Gottesdienstbesucher) wird Spiegelfolie geklebt, so dass jeder einen kleinen Spiegel mitbekommt. Auf der Ober- oder Unterkante des Spiegels steht der Satz „Hab Dich lieb". In der Predigt wird die doppelte Verstehensmöglichkeit (Als Aussage eines Menschen an mich bzw. als Aufforderung an mich) dieser Worte erläutert.

Weitere gestalterische Elemente werden aus den Jugendstunden übernommen und zusammen mit den Jugendlicher erarbeitet.

Liedvorschläge

- Vergiß es nie, dass du lebst, war keine eigene Idee (Jürgen Werth, in: Feiert Jesus! Das ‚Jugendliederbuch' Nr. 231)
- Gott ist gegenwärtig (wichtig hier die Strophe: „wie die zarten Blumen willig sich entfalten ...")

Vorschlag für eine Lesung

- Psalm 139 in Auswahl

Theologische Bemerkungen

Das Thema Selbstliebe begegnet in der Bibel bestenfalls als Randthema. Bibelstellen, die damit in Verbindung gebracht werden können, sind in diesem Gottesdienst verwandt. Die Aufforderung zur Selbstliebe fehlt gänzlich. Das Doppelgebot, Gott und seinen Nächsten zu lieben wie sich selbst (Matthäus 22,37-39), setzt die Selbstliebe als selbstverständlich voraus. Sie ist selbstverständlicher Bestandteil menschlicher Existenz. Die Seelsorgepraxis zeigt allerdings, dass das Thema Selbstliebe weder selbstverständlich noch unproblematisch ist. Es ist zum Dauerbrenner geworden. Der Gottesdienst kann eine theologische Grundlinie erkennbar machen:

Durch Gottes schöpferische, liebevolle und vergebende Zuwendung zu uns in unserer gesamten Existenz wird die Wertigkeit und Würde jedes einzelnen Menschen überdeutlich. Anhand der Bibeltexte 1.Mose 1,31 und 1.Korinther 6, 19+20 sollen die Gottesdienstbesucher entdecken, dass Gott uns wertvoll und würdig geschaffen hat. Er sieht in uns sein  Werk, geschaffen zu guten Werken, die Gott bereits in uns hineingelegt hat (Epheser 2,10). In uns liegt die Veranlagung, Gott zur Ehre zu leben. Das schließt die liebevolle, annehmende und vergebende Zuwendung des Geschöpfes zum Geschöpf mit ein.

Im Text 1.Korinther 6 wird ein anderer Blickwinkel deutlich: Verantwortungsloser (liebloser) Umgang mit unserem Körper als einem Teil göttlicher Schöpfung beleidigt Gott. Verantwortungsvoller (von Gottes Liebe inspirierter und in Selbstliebe sich ausdrückender) Umgang mit meinem Körper ehrt Gott.

Wesentlich ist, dass die Selbstliebe ihre Grundlage und ihren Ursprung nicht in uns Menschen selbst hat und auch wieder auf uns selbst zielt, sondern Gottes eigenes schöpferisches „JA!" die Grundlage dazu ist, mich selbst lieben zu können. Diese liebevolle Zuwendung zu mir selbst ehrt Gott.

Segment: Ich liebe Dich

Thematische Einführung

Im Trend: Beziehungslosigkeit am Nächsten vorbei

Ein gerade mal 35jähriger deutscher Philosoph aus München hat im Februar 2001 in einem Interview mit dem Wochenmagazin „Focus" festgestellt, dass die bisher tragenden zwischenmenschlichen Beziehungs-Strukturen größtenteils versagen. Mehr als 1/3 der geschlossenen Ehen sind vor Ablauf von zehn Jahren bereits wieder geschieden. Die Zahl der Singlehaushalte hat die 33%-Marke schon überschritten. Der Mensch ist auf dem Weg in die selbst gewählte Isolation. Der Philosoph kommt zu dem Schluss, eine Freundschaft hätte als die einzige Beziehungsform in der Zukunft Bestand. Werden wir unfähig, uns dem anderen Menschen in beständiger Liebe zu widmen?

Stell dir vor, keiner hört dir zu, wenn du mit ihm/ihr sprichst. Stell dir vor, es geht dir schlecht, du steckst in Schwierigkeiten und keiner sieht hin. Ein Leben ganz ohne Beziehungen zu anderen ist doch völlig absurd. Jeder Mensch braucht in dieser Welt Beziehungen zu anderen Menschen. In unserer zunehmend global vernetzten Hightech-Kommunikations-Gesellschaft laufen schon genug Leute als Einzelkämpfer über den Globus. In Zeiten ständiger Veränderung, schnell wechselnder Trends, immer neuer Kommunikationsformen und stetig steigender Anforderungen sind viele Beziehungen verflacht.

Denkmal
Du Mensch bist beziehungsorientiert (auf den Mitmenschen hin) geschaffen worden.

Gegen den Trend: Beziehungsorientiert auf den Nächsten zu

Denkmal
Du sollst Gott, deinen Herrn, lieben von ganzem Herzen, mit ganzem Willen und mit aller deiner Kraft und deinem ganzen Verstand. Und: Liebe deinen Mitmenschen wie dich selbst (Lukas 10,25).

Dieser Satz stammt mitten aus einem Gespräch zwischen Jesus und einem Gesetzeslehrer. Der war zu ihm gekommen, um ihm eine knifflige Frage zu stellen: „Was muss ich tun, um das ewige Leben zu bekommen?" fragt der Gesetzeslehrer. Jesus dreht den Spieß um: „Was antworten denn die Gesetze auf deine Frage?" Der Gesetzeslehrer zitiert. „Du sollst Gott, deinen Herrn, lieben von ganzem Herzen, mit ganzem Willen und mit all deiner Kraft und deinem ganzen Verstand. Und: Liebe deinen Mitmenschen wie dich selbst!" „Richtig!" sagt Jesus. „Handle so, dann wirst du leben!"

In diesem kurzen Gespräch macht Jesus seinem Gesprächspartner etwas Wesentliches zum Thema tragfähige Beziehung klar: „Du fragst, was du tun musst, damit du ewiges Leben bekommst? Du bist ein frommer Egoist! Du liebst dich selbst, deshalb willst du auch für dein Wohlergehen nach dem Tod vorsorgen. Du hast von Gottes Botschaft nicht die Hälfte verstanden und hältst dich im Grunde schon für ‚heilig'. Hast du dir klar gemacht, dass andere Menschen in deinem Leben nur einen untergeordneten Platz einnehmen? Du behandelst sie gut oder schlecht, je nachdem, ob sie dir nützen oder nicht! Gott aber steht dir immer wohlgesonnen gegenüber, auch wenn du gerade keine gute Figur machst. Er erwartet lediglich, dass du ihn liebst, mehr Vorleistung ist nicht gefordert. Wenn du deinem Mitmenschen einfach nur genauso liebevoll gegenübertreten würdest, wie du es dir für dich selbst wünschst, dann würdest du Gottes Willen viel näher kommen, als durch dein ganzes frommes Gehabe. Liebe Gott und liebe deinen Mitmenschen wie dich selbst! Und rede nicht nur darüber, sondern tu es!"

Doch der Gesetzeslehrer will sich so nicht abfertigen lassen. Die kurze Antwort „Handle so!", ist ihm zu konkret, zu weit weg von gesetzlichen Vorschriften und Regeln, in denen er sich gut auskennt. Spitzfindig fasst er nach: „Wer ist denn mein Mitmensch?"

Bestimmt kennst du die Geschichte vom barmherzigen Samariter. Die Geschichte fordert uns heraus, den Gedanken „Ich liebe dich" in ganz konkrete Hilfe für den Anderen umzusetzen. „Ich liebe dich" steht nicht da und schaut als Gaffer bei der Katastrophe zu. „Ich liebe dich" packt an und verändert die deprimierende Situation des Anderen. Der von Jesus erwähnte Samariter lässt den im Graben liegenden, ausgeraubten Verletzten nicht im Stich. Er steigt vom Hocker bzw. vom Esel und kümmert sich um den Anderen. „Ich liebe dich" braucht konkretes Handeln, so wie die Glühbirne den Strom. Jesus hält nichts von „theoretisch-frommsein"! Glaube ist für Jesus Herzenseinstellung. „Ich liebe dich" hat bei ihm Hände und Füße.
Jesus dreht noch einmal den Spieß um: „Wer hat an dem Überfallenen als Mitmensch gehandelt?" Der Gesetzeslehrer antwortet: „Der ihm geholfen hat!" Jesus erwidert: „Dann geh und mach du es ebenso!"

Denkmal
Jesus macht klar: Es geht nicht darum, spitzfindig herauszufinden, wer für dich ein Mitmensch sein könnte. Es geht darum, wem du dich als Mitmensch liebevoll zuwenden kannst!

Trendy? - Mitmensch sein in einer kalten Welt?

Natürlich, es gibt ja so viel Elend und Leid auf dieser Welt, wo soll man da schon anfangen? Außerdem ist ja eh alles nur ein Tropfen auf den heißen Stein. Es gibt so viele schlechte Nachrichten an einem einzigen Tag, wie soll man sich da richtig entscheiden? Wen soll ich mit „Ich liebe dich" denn ins Visier nehmen? Wo fange ich an?
Viele Menschen sind wie gelähmt: Katastrophenmeldungen, Kriege, Vertreibungen, Arbeitslose, Drogenabhängige, Behinderte, alte Menschen, Kranke, Nichtseßhafte, Alleinerziehende, die einen Babysitter bräuchten, Klassenkameraden, die Hilfe in einem Fach bräuchten, Kumpel mit Alkohol- oder Drogenproblemen. Ich fühle mich überfordert. Wo fange ich an? Wie wähle ich sinnvoll aus? Mit so einer Kette von Fragen kann man sich schnell und bequem aus der Verantwortung stehlen. Wer sollte einem da schon etwas dagegenhalten?
Doch im Gespräch mit Jesus sieht das ganz anders aus! Jesus fordert uns geradezu heraus, eine klare Entscheidung ohne faule Kompromisse zu treffen. Ich für meinen Teil will mich von Gott herausfordern lassen, in Aktion treten. Ich will nicht nur Zuschauer sein! Ich will auf andere zugehen, andere lieben. Pharisäer gibt es auf dieser Welt immer noch zu viele. In jedem von uns steckt der Hang, aus Faulheit, Feigheit, Eigennutz vorbei oder weg zu schauen.
Natürlich konnte der Samariter nur „einen" Verletzten auf seinem Esel transportieren. Aber für diesen einen ist er selbst abgestiegen und hat seinen Glauben in die Tat umgesetzt. Es geht beim „Ich liebe dich" also um das Hier und Jetzt. Wir sind gefragt bezüglich konkreter einzelner Situationen. Wir sind nicht verantwortlich für das Leid der ganzen Welt. Sonst würden wir zwangsweise verrückt werden. Gott hat für jeden, der bereit ist, eine ganz konkrete Aufgabe. Er hat auch Mittel, dir deine Platzanweisung mitzuteilen. Du musst nur bereit sein, hinzuhören und dann loszugehen. Es geht zuallererst

um deine Herzenshaltung, aber dann auch darum, dass du anpackst. Menschen, die das „Ich liebe dich" Jesu verstanden haben, begreifen dabei mehr und mehr: Wir haben in dem Anderen ein Geschenk. Wir haben einander und wir brauchen einander.

Denkmal
„Ich liebe dich" heißt für Jesus: Du bist mir wichtig, ich sehe weg von mir und wende mich dir zu.

Stell dir vor: Gott befähigt dich zum „Ich liebe dich"

Menschen, die eine Beziehung mit Jesus haben, haben kapiert: Gott liebt mich! Er steht zu mir! Er nimmt mich ernst! Er lässt mich nicht fallen! Solche Jesus-Nachfolger lernen, dass es gilt, den Mitmenschen in den Blick zu nehmen. Der Mitmensch ist der Mensch, dem mich Gott als Mitmenschen in den Weg stellt. Weil ich erfahren habe, dass Gott mich in Jesus Christus durch und durch liebt, kann ich zum liebevollen und helfenden Mitmenschen werden. Allein aus mir heraus schaffe ich das nicht. Durch meine persönlichen Erfahrungen und meine Erziehung habe ich eine ganz eigene Art entwickelt, mit Menschen in Beziehung zu treten. Ich bin egoistisch. Ich werde nur fähig zum „Ich liebe dich", wenn ich mich von Gott prägen lasse. Dazu brauche ich Gott. Ich muss mich selber auf Gottes Liebe einlassen, in Beziehung zu ihm stehen. In dieser Beziehung heilt mich Gott nach und nach von meiner Ich-Bezogenheit. Er durchbricht sie und lenkt meinen Blick auf die Bedürfnisse meines Nächsten.

Denkmal
Habe den Mut, dich von Gott zum liebevollen Mitmenschen lieben zu lassen!

Detlev Katzwinkel

Segment: Ich liebe dich
Wenn das so einfach wär'

Biblischer Text: Lukas 10, 25-37
Thema: Was meint Jesus mit Nächstenliebe und was heißt das für mich?
Art: Gestaltung einer Jugendstunde

Vorbereitung

Zur grundlegenden Einführung in das thematische Segment „Ich liebe dich" eignet sich das Referat zum Thema von Detlev Katzwinkel.

Folgende Fragen erschließen in der Vorbereitung den biblischen Text:
- Was wollte Jesus damals mit der Beispielgeschichte bezwecken? Wesentlich ist dabei der Zusammenhang der beiden Abschnitte V. 25-28 und V. 29-37.
- Wozu fordert Jesus heraus?

Begrüßung

Ein Gedicht oder Lied raussuchen, das Nächstenliebe provokativ beleuchtet, und zur Begrüßung singen oder lesen.

Einstieg

Werbeplakat
Verwendung: Einstieg
Material: Werbeplakat zum Thema: Ich liebe dich!
Im Rheinland gab es im Februar 2001 eine Werbung mit der Aufschrift „Liebe deine Nächsten wie dich selbst" und daneben war ein Bierfass einer bestimmten Biermarke dargestellt.

Vorbereitung: Werbeplakat zum Thema abfotografieren und entweder ein Dia entwickeln lassen oder auf Overheadfolie kopieren
Ablauf: Einführendes Gespräch zur Verwendung des Motivs „Nächstenliebe" in Werbung und Öffentlichkeit.

Vertiefung

Der biblische Text soll in Gruppen erarbeitet werden. Die Großgruppe unterteilt sich dazu in vier Gruppen mit je 4-8 Personen. In den Gruppen wird mit unterschiedlichen Methoden und Zielsetzungen der biblische Text erarbeitet. In der anschließenden Präsentationsphase werden die Arbeitsergebnisse abwechslungsreich vorgestellt.

Theater modern
Verwendung: Vertiefung
Material: Verkleidungskiste nach Bedarf
Ablauf: Die Gruppe liest sich Lukas 10, 25-37 durch und überlegt, welche Beispielgeschichte Jesus heute wohl erzählen würde. Diese Beispielgeschichte wird dann theatermäßig erarbeitet und vorgespielt.

Comic
Verwendung: Vertiefung
Material: Overheadfolie und Folienschreiber oder Papier und Stifte
Ablauf: Die Gruppe liest sich Lukas 10, 25-37 durch und überlegt, welche Beispielgeschichte Jesus heute wohl erzählen würde. Auf der Overheadfolie oder auf dem Papier wird die Geschichte als Comic gezeichnet.

Thesenpapier
Verwendung: Vertiefung
Material: Overheadfolie und Folienschreiber

Ablauf: Die Gruppe erarbeitet den Text und formuliert mindestens fünf Thesen unter folgender Fragestellung:
- Was bedeutet es, den Nächsten zu lieben wie sich selbst?
- Wie sieht ein gangbarer Weg aus zwischen übertriebener Selbstbezogenheit, die den Nächsten vergisst, und einer überzogenen Selbstvergessenheit, die vor lauter Nächsten nicht mehr weiß wohin?

Arbeitspapier
Verwendung: Vertiefung
Material: Overheadfolie und Folienschreiber
Ablauf: Die Gruppe erarbeitet den Text mit der Aufgabenstellung, ein praktisches Arbeitspapier zu erstellen, das folgende Frage beantwortet:
- Was heißt Nächstenliebe für uns konkret; für uns als einzelne und für uns als Jugendgruppe / Teenstreff etc.?

Abschluss

Persönlich
Die Person, die den Jugendabend leitet, schließt den Abend ab, indem sie erzählt, was sie bei der Beispielgeschichte des barmherzigen Samariters „vom Hocker gehauen", sprich, was diese Geschichte bei ihr ausgelöst hat.

Segment: Ich liebe dich
Reality heute

Thema: Nächstenliebe im Einsatz
Art: Gestaltung einer Jugendstunde

Vorbereitung

Ihr fragt bei eurem Pastor nach, wer aus eurer Gemeinde diakonisch tätig ist oder zum Thema „Nächstenliebe" einiges zu sagen hat. Ich denke hier an Leute, die sich besonders um Alte, Kranke etc. kümmern oder die anderen bei Behördengängen oder beim Einkaufen oder was auch immer helfen. Eventuell auch jemand, der Ausgefalleneres zu bieten hat (z.B. kurzzeitiger Missionseinsatz; in meiner ehemaligen Gemeinde sind Ärzte zu einem Kurzzeit-Einsatz in den Kosovo zur medizinischen Hilfe geflogen). Ladet diese Leute in eure Jugendgruppe ein. Es ist vorteilhaft, wenn nicht nur eine Person kommt.

Begrüßung

Liebe deine Jugendlichen
Verwendung: Begrüßung
Material: je nach Idee
Ablauf: Nächstenliebe soll für die Jugendlichen / Teenager erlebbar werden. Die Mitarbeitenden im Jugendkreis setzen sich zusammen und überlegen, mit welcher Begrüßungsaktion sie ihre Liebe zu den Jugendlichen exemplarisch ausdrücken können.
Beispiele
Waffeln und Kakao zur Begrüßung
Aufbau eines Wohlfühl-Massagesalons
Kuschelige Raumdeko und Wünsch-Dir-Was-Aktion

Einstieg

Personality-Andacht
Schon zur Zeit des Neuen Testaments war Nächstenliebe nicht nur Theorie, sondern Praxis. Wer nur von Liebe redet – vielleicht sogar ziemlich cool damit rüberkommt, der liebt noch lange nicht. Liebe zeigt sich im Tun und Handeln – und nicht darin, lässig in der zu Ecke stehen. Die Andacht zeigt, wie Nächstenliebe bei Jesus oder Tabita konkret aussah.
Verwendung: Vertiefung
Material: nicht erforderlich
Ablauf: Ein Mitarbeiter bereitet eine Andacht vor.

Variante 1
Jesus liebt seine Jünger, indem er ihnen die Füße wäscht (Johannes 13),

Variante 2
Tabita zeigt ihre Nächstenliebe dadurch, dass sie Armen hilft und Mäntel für andere in der Gemeinde schneidert. Als sie stirbt, merken die anderen, was für ein großer Verlust das für sie ist (Apostelgeschichte 9, 36-42).

Vertiefung

Kurze Vorstellung der eingeladenen Gäste!

Gäste - Geschichten
Verwendung: Vertiefung
Material: kein Material erforderlich
Ablauf: Die Gäste erzählen von ihrem Einsatz und was sie dazu bewegt hat (Dies muss im Vorfeld mit ihnen genau abgeklärt werden). An dieser Stelle sollte nur der Moderator Rückfragen stellen.
Mögliche Rückfragen:
- Kommen/kamen deine Bedürfnisse nicht zu kurz?
- Woher wusstest du, dass das dein Ding ist?

- Kommst du dir manchmal ausgenutzt vor?
- Welche Tipps gibst du uns in Sachen „Nächstenliebe"?
- Wo siehst du heute die Herausforderung für uns junge Leute?

Bei krasseren Einsätzen:
- Hattest du manchmal Angst?
- Wie hast du Gott bei deiner Nächstenliebe-Aktion erlebt?

Die Teenies /Jugendlichen haben die Möglichkeit zu Fragen und zum Nachhaken!!

Abschluss

Hit your day!
Verwendung: Abschluss
Material: Zettel und Stifte
Ablauf: In einer kurzen Zeit der Stille sollen die Jugendlichen überlegen und notieren, wo gelebte Nächstenliebe in ihrem Alltag Platz hat. Eine Aktion sollen sie überlegen und in den nächsten Tagen durchziehen.

Segment: Ich liebe Dich
Äktschen ist angesagt: Wir lieben die Gemeinde

Thema: Wie Jugendliche sich ihrer Gemeinde liebevoll zuwenden
Art: Aktionsideen für Nachmittage und Wochenenden

Aktionsidee: Wir lieben die Gemeinde

Planungsphase
Da es bei der Nächstenliebe darum geht, die Bedürfnisse anderer wahrzunehmen und darauf einzugehen (s.o. Themenreferat), überlegt mal in einem Team, was in eurer Gemeinde an Bedürfnissen da ist und wie ihr mit eurer Gruppe darauf eingehen könnt.

Ideen
Eltern-Verwöhnnachmittag
Ihr beschäftigt die Kids einen Nachmittag oder Abend, und die Eltern können sich Zeit zu zweit gönnen.
Frühjahrsputzaktion
Ihr bietet Gemeindegliedern an, Fahrräder oder Fenster zu putzen.
Computer-Schulung
Ihr organisiert einen Schulungs-Tag in der Gemeinde zum Thema „Umgang mit dem Computer / Tipps und Tricks mit Webseite und Co." Warum den Computer-Analphabeten oder –Grundschülern nicht auf die Sprünge helfen?
Abenteuer-Parcours
Zu einem Thema für die Jungschargruppe durchführen; sprecht euch mit den Jungscharmitarbeitern ab – die sind froh, wenn sie sich nicht jedesmal selber was an Spezial-Aktion aus den Fingern saugen müssen.

Der Kreativität sind keine Grenzen gesetzt. Präsentiert diese Ideen in der Jugendgruppe und konkretisiert eine Idee. Begeistert auch euren Pastor von der Idee!

Umsetzungsphase
Mit konkreten Fragen den Äktschentag strukturieren: Ein Zeit- und Orga-Plan ist hilfreich!
Wer macht was? Wann? Wo?
Bei fast allen Aktionen macht es mehr Spaß, wenn ihr zusammen esst! Wenn ja, wer kocht?
Wie wird die Aktion bekannt gemacht?

Variation: „Versteigere dich selbst"

Nächstenliebe hat mit der Wahrnehmung von Bedürfnissen zu tun. Wo können wir anderen helfen mit dem, was wir können?
Ihr stellt euch der Gemeinde für Tätigkeiten einer bestimmten Art zur Verfügung. Leute aus der Gemeinde haben Gelegenheit, euch zu ersteigern. Der Meistbietende gewinnt euch und kann eine Tätigkeit im beschriebenen Bereich einfordern. Der Erlös geht an ein Projekt, das ihr als Jugend schon unterstützt oder euch im Rahmen dieser Aktion heraussucht.

Beispiele
Einer von euch bietet zwei Stunden seine Arbeitskraft im Gartenbereich an (natürlich hat er auch etwas Erfahrung mit Gartenarbeit). Nach mehreren Angeboten ersteigert ihn jemand für 40 DM und hat für ihn zwei Stunden Garten-Umgraben zu bieten.
Jemand anders bietet sich als Fensterputzer für einen Samstagnachmittag an. Der Meistbietende kann ihn dann für seine Fenster haben usw. usw.

Planungsphase
Ihr checkt ab, was Einzelne von euch machen und anbieten wollen. Denkbar ist auch, dass zwei als Team arbeiten wollen (beispielsweise bei der Gartenarbeit). Der Kreativität sind hier keine Grenzen gesetzt. Aber nochmals: Ihr solltet nur das anbieten, was ihr auch einigermaßen bringt.

Ihr sprecht mit eurem Pastor oder jemand aus dem Leitungskreis ab, wie ihr die Aktion in der Gemeinde bekannt machen könnt und wann die Versteigerung sein soll.
Wenn ihr noch kein Projekt unterstützt, sucht euch ein Projekt, mit dem ihr euch auch als Jugendgruppe identifizieren könnt. Fragt in eurer Gemeinde oder eurem Gemeindebund nach, ob es schon ein Projekt gibt, bei dem ihr euch einklinken könnt.
Klären: Wer leitet die Versteigerung? Wie läuft die Versteigerung ab?

Umsetzungsphase
Ihr macht die Aktion bekannt (Gemeindeblatt, Flyer, Info im Gottesdienst etc.)
Die ersteigerten Tätigkeiten innerhalb der nächsten zwei Wochen durchziehen.
Nach Ablauf der zwei Wochen auch im Gottesdienst 10 Minuten einräumen, um die Versteigerungs-Aktion im Rückblick zu betrachten und Gott dafür die Ehre zu geben.
Noch mal erinnern, warum die ganze Aktion überhaupt durchgeführt wurde: Ihr wolltet euren Nächsten Gutes tun. Einen Erfahrungsbericht von einer ersteigerten Tätigkeit formulieren; mitteilen, was aus dem Erlös wird.
Nach ca. drei Wochen: Einen Jugendabend als Versteigerungs-Fete aufziehen (s.u.)

Anhang: „Versteigere-dich-selbst-Fete"
Wer Liebe praktisch werden lässt, darf feiern!
Thema: Nächstenliebe praktisch
Art: Festgestaltung

Vorbereitung

Es soll bei der Fete ein Büfett geben. Dazu muss im Vorfeld besprochen werden, wer was mitbringt, damit es auch kulinarisch eine tolle Fete wird. Vor allem die Organisation für den Abend muss gut durchdacht sein (Nachspeisen-Büfett erst später; s.u.; wer spült?). Für gute Musik sorgen / Ambiente des Jugendraumes (oder wo auch immer die Fete stattfinden soll) auf Fete hin gestalten.

Begrüßung

Die Aktion, die den Anlass für die Feier geliefert hat, wird in groben Zügen noch einmal vorgestellt (wichtig, wenn Neue in der Gruppe sind).
Dann wird ein Übergang zum Festgelage geschaffen: Büfett eröffnen (Nachspeisen noch nicht auffahren) und Musik im Hintergrund laufen lassen. Es ist Zeit zum Essen und Quatschen

Einleitung

Lied zum Thema Liebe
Kurzen Überblick geben über die Anzahl der Aktionen und über den eingefahrenen Erlös für das Projekt.

Vertiefung

Themen-Andacht
Verwendung: Vertiefung
Material: eine lebensgroße Papp-Person vorbereiten; mit einfachem Aufstell-Mechanismus versehen (damit sie nach dem Beschriften aufgestellt werden kann); Eddings
Ablauf: Grundlage für die Andacht ist der Text aus Römer 12, 4-11

Teil 1: Römer 12,4-8 lesen
Wenn wir das Bild des Leibes in unsere Situation übertragen, merken wir: Als Jugendkreis sind wir herausge-

fordert, uns als Ganzes, als Einheit zu verstehen. Jeder Einzelne von uns hat unterschiedliche Fähigkeiten und Gaben, die Gott ihm geschenkt hat! Darum brauchen wir einander. Nur im Zusammenspiel können wir für Gott schlagkräftig sein und tun uns dabei einander unheimlich gut. Wir entdecken: Wir können und sollen uns gegenseitig mit unseren Gaben wahrnehmen und wertschätzen. Und es ist wichtig, dass keiner seine Gaben und Fähigkeiten vergräbt.
In der Versteigerung wurde das deutlich: Wir konnten zusammen in größerem Umfang „Liebes-Dienste" tun.

Teil 2: Papp-Person beschriften
Wir haben hier eine Papp-Person: Beschriftet die Person mit all euren Liebes-Diensten, mit denen ihr bei der Versteigerungs-Aktion anderen gedient habt.
(Zeit für das Aufschreiben auf die Papp-Aktion geben. Die Papp-Figur dann so aufstellen, dass sie jeder sehen kann)
Das hätte einer allein nie hinbekommen. Gottes Vielfalt, Gottes Prinzip von Gemeinde wurde sichtbar!
Und der zugrundeliegende Wunsch, anderen in Liebe zu dienen, hat Arme und Beine bekommen.
Aber nie vergessen: Liebe lässt sich nicht auf Aktionen reduzieren. Die „Ich-liebe-dich-Versteigerung" hat Liebe in Aktion hervorgebracht. Keine Frage! Aber die nächsten Verse deuten darauf hin, dass es bei Liebe um den Alltag geht!

Teil 3: Römer 12,9+10 lesen
Gott stellt uns vor die Aufgabe, dass wir einander im Alltag liebhaben. Das meint keine säuselnden Worte, sondern dass wir aufeinander achten, nicht abfällig und leichtfertig übereinander reden.
Wenn wir das nicht im Auge haben, bleibt die Versteigerung nur eine kurzlebige Liebes-Aktion. Aber es kann der Start in einen ganz neuen Umgang unter uns und mit anderen werden.

Und was wir auch niemals vergessen sollen: Wenn uns dabei die Puste ausgeht, den anderen lieb zu haben, dann können wir bei Gott auftanken. Es heißt am Schluß ja, dass wir uns vom Geist Gottes wieder entflammen lassen können. Gott gießt seine Liebe nach. Bei ihm ist genug da – auch für jeden von uns.

Teil 4: Ich teile mich mit
Möglichkeit geben, dass Einzelne von ihren Aktionen und Erfahrungen berichten

Teil 5: Zeit zum Beten
In Gruppen oder gesamt; je nach Jugendgruppe: Ihr wisst, was bei euch am besten kommt. Dankt Gott für die Aktion; bittet ihn, dass die Aktion Anstoß ist für mehr Nächstenliebe im Alltag.

Teil 6: Lied zum Thema Liebe

Abschluss

Das Nachspeisen-Büfett wird eröffnet. Der Abend hat ein Open-End.

Segment: Ich liebe dich
Nächstenliebe on the Radio

Thema: Radiosendung zum Thema Nächstenliebe
Art: Projekt

Zielvorstellung

Ihr erarbeitet eine Radiosendung, die eventuell sogar bei einem örtlichen Radiosender über den Äther läuft. Das Thema Nächstenliebe soll aus verschiedenen Blickwinkeln beleuchtet werden:

Erarbeitung der Radiosendung

Ihr bildet Arbeits-Teams, die verschiedene Bausteine zum Thema beackern. Zudem bildet ihr ein Regie-Team, in dem je ein Vertreter aus den Arbeits-Teams sitzt. Das Regie-Team sucht im Vorfeld den Kontakt zu einem örtlichen Sender und fragt an, ob Interesse an eurer Radiosendung vorhanden ist und wer dafür der Ansprechpartner wäre. In der Regel liegt bei den örtlichen Sendern Interesse vor. Wenn der Ansprechpartner gefunden ist, vereinbart das Regie-Team mit ihm ein Treffen und spricht die Vorgehensweise und die Abläufe ab. Das Regie-Team schreibt dazu ein erstes Skript, mit dem ihr eure Ideen und Einfälle für die Radiosendung vorstellen könnt. Macht deutlich, dass ihr von eurem Ansprechpartner Tipps haben wollt, weil ihr so etwas zum ersten Mal macht (so vermute ich mal). Er wird sie euch gerne geben. Wichtig sind hier:
Tipps zur Produktion
Wie schreiben wir einen Textbeitrag?
Wie machen wir ein Interview?
Tipps zu den Rahmenbedingungen
Welche Länge soll der gesamte Beitrag haben?
Welche Länge haben die einzelnen Bausteine?
Welche Bausteine sind interessant und wie werden sie zu einem Gesamtbeitrag zusammen gesetzt?

Team Info Nächstenliebe 1
Erarbeitet einen Textbeitrag, mit dessen Hilfe eine erste Annäherung an das Thema geleistet werden soll.
- Was sagt das Begriffs-Lexikon oder das Universal-Wörterbuch über die Begriffe „Nächstenliebe", der „Nächste" und „Liebe"?
- Gibt es bekannte Zitate? Hierzu mal in einem Zitate-Buch wühlen!
- Fällt euch ein Film/ein Comic etc. ein, der zum Thema was zu sagen hat?

Team Info Nächstenliebe 2
Erarbeitet einen Textbeitrag, mit dessen Hilfe eine Annäherung an biblische Aussagen zum Thema geleistet werden soll.
- Was sagt die Bibel zum Thema? Sucht entscheidende Stellen raus? Fragt danach, was Jesus damit prinzipiell sagen will und was es für uns heute bedeutet? An dieser Stelle könnte mit dem Text vom barmherzigen Samariter gearbeitet werden.
- Was sagt ein Bibel-Lexikon zu den Begriffen Nächstenliebe/Nächste/Liebe?

Team Aktuell
Erarbeitet anhand einer exemplarischen Begebenheit einen Beitrag zum Thema:
Fallbeispiel
In letzter Zeit gab es wieder vermehrt Randale gegen ausländische Minderheiten; das könnte man konkretisieren: Was heißt Nächstenliebe, wenn du in einem Bus oder einer Straßenbahn fährst oder in einem Cafe hockst und mitbekommst, wie eine afrikanische Frau von zwei anderen Jugendlichen angepöbelt wird?
Geht zur örtlichen Polizei und schildert den fiktiven Fall mit der afrikanischen Frau. Fragt, was Jugendliche in so einem Fall am besten machen (natürlich auf Tonband festhalten).

Team Meinung der Leute 1
Ein Team geht in die Fußgängerzone oder auf den Marktplatz oder vor das Kino (egal wo, Hauptsache, ihr trefft viele verschiedene Leute) und interviewt verschiedene Personen.
Interviewfragen:
- Was verstehen Sie unter Nächstenliebe?
- Was bedeutet der Satz „Liebe deinen Nächsten wie dich selbst"?

Je nach Absprache mit eurem Ansprechpartner vom Radio könnt ihr anschließend selber die Interviews zusammenschneiden oder zusammen mit einem Techniker vom Radio. Ihr solltet im letzteren Falle vor dem Treffen wissen, welche Sequenzen für die Sendung geschnitten werden sollten.

Team Meinung der Leute 2
Ihr informiert im Vorfeld euren Pastor, einen Ältesten oder euren Jugendleiter darüber, dass er etwas über „Nächstenliebe" aus der Sicht des christlichen Glaubens sagen soll.
Nach der Bedenkzeit, sprich: nach ein paar Tagen, interviewt ihr ihn.

Team Chat im Net
Die Computer-Freaks unter euch können eine Diskussion über das Thema in einem Chat vom Zaun brechen – und die Ergebnisse natürlich notieren.

Team VIPs 1
Erarbeitet einen Textbeitrag zum Thema „Nächstenliebe - VIPs": Gab es in der Geschichte (inklusive Kirchengeschichte) eine bedeutende Gestalt, die etwas hergeben könnte?

Team VIPs 2
Vielleicht könnt ihr ja sogar einen Prominenten auftreiben (Adressen in der Bravo oder bei Fernsehsendern), der sich zum Thema Nächstenliebe befragen

lässt. Möglich ist zumeist eine schriftliche Befragung.

Team Andacht
Erarbeitet eine kurze Andacht zum Text vom barmherzigen Samariter.

Team live
Eine live–Diskussion oder die Einbindung von Hörer-Anrufen kommt immer gut. Das Team erarbeitet in Absprache mit dem Ansprechpartner dafür Ideen.

Team Mucke
Ein Team sucht christliche und nicht-christliche Musik zum Thema raus.

Überarbeitung der Radiosendung
Ihr überarbeitet euer Skript und sprecht es nochmals mit dem Ansprechpartner beim Radiosender durch. Wenn ihr merkt, dass ein Puzzle-Teil nicht gebraucht wird, müssen die damit beauftragten Leute sofort informiert werden. Das kann passieren. Aus den einzelnen Bausteinen wird nun in Absprache mit dem Ansprechpartner die Radio-Sendung zusammengestellt.

Exemplarische Radiosendung
- *Team Mucke:* Ein bekanntes nicht-christliches Lied wird eingespielt und weich überblendet (40 sec)
- *Team Info Nächstenliebe 1:* Jugendarbeit und Thema vorgestellt (1,5 min)
- *Team Mucke:* Wieder kurz das Lied vom Einstieg einblenden (20 sec)
- *Team Meinungen der Leute 1:* Statements von der Straße (2 min)
- *Team Chat im Net:* Wichtige Linien aus dem Chat im Net darstellen (1,5 min)
- *Team Mucke:* Anderes Lied einspielen (20 sec)
- *Team Info Nächstenliebe 2 und Team Meinungen der*

Leute 2: Christlichen Standpunkt einführen: Kurzinfo, was die Bibel als Wesentliches zu sagen hat,
Interview mit Pastor, Ältesten, Jugendleiter einflechten (4 min)
- *Team Mucke:* Christliches Lied mit prägnanter Aussage anmoderieren und einspielen (1min)
- *Team VIPs 1:* geschichtliche Person darstellen (2 min)
- *Team Mucke:* Christliches Lied einspielen (30 sec)
- *Team aktuell:* Situation schildern (1 min)
- *Team Mucke:* Lied einspielen, das Spannung aufbaut (20 sec)
- *Team aktuell:* Interview bei der Polizei einspielen (3 min)
- *Team Mucke:* Wieder das Lied einspielen (20 sec)
- *Team Andacht:* kurze Andacht und praktische Ideen vermitteln (3 min)
- *Team Mucke:* Das christliche Lied nochmal bringen und weich überblenden (1min)
- *Team live und Team VIPs 2:* Diskussion und Hörer-Telefon; Beiträge einfügen (8 min)
- *Team live und Moderator:* Zusammenfassung: Markante Gedanken und offene Fragen kurz aufgreifen und darstellen (2 min)
- *Team Mucke:* Lied zum Abschluss (2 min)

Variation
Wenn ihr keinen Radiosender vor Ort habt, der mitzieht, macht das Brennen einer CD (oder das Aufnehmen einer Kassette) sicher auch so Spaß.

Informationen
Bei der einen oder anderen Frage könnt ihr euch auch an den ERF (Evangeliums-Rundfunk) wenden! Es ist gut möglich, dass der ERF ebenfalls Interesse an eurer Sendung hat.
E-mail: jungewelle@erf.de

Debora Klink/
Michael Jahnke
Äktschen-Samstag
Ideen für die Praxis
Taschenbuch, 144 Seiten
ISBN 3-7615-5125-8

„Reise zum Mond", Theater-Tag", „Detektiv-Treffen" oder „Spanien olé" sind die Titel der randvoll gestalteten Nachmittage für junge Menschen bis 12 Jahre. Mit Vorlagen für Einladungen und Plakate, Ideen zur Programmgestaltung inklusive Essen und vieles andere mehr.

Frank Fischer/
Michael Jahnke
Bibelarbeit kreaktiv
Taschenbuch, 128 Seiten
ISBN 3-7615-5157-6

„Man darf Teenager und Jugendliche mit allem langweilen – bloß nicht mit der Bibel!" Die wichtigste Nachricht der Welt platzt schließlich vor Aktualität aus allen Nähten und braucht nicht im alten Zwirn daherzukommen. Kompetent, verständlich und praxisnah bieten Frank Fischer und Michael Jahnke jede Menge Ideen und Tipps für eine zeitgemäße, erlebnisstarke und beziehungsorientierte Vermittlung biblischer Inhalte.